JOE CROSS

Reboot with Joe

DAS KOCHBUCH ZUR SAFTKUR

JOE CROSS

Reboot with Joe

DAS KOCHBUCH ZUR SAFTKUR

Jede Menge Rezepte für köstliche Säfte, Smoothies und pflanzliche Gerichte für den Neustart

Unimedica

Inhalt

Seite 103

Seite 106

Seite 113

Seite 86

Seite 132
Seite 126
Seite 116
Seite 140

Seite 149
Seite 166
Seite 163
Seite 177

ANHANG

Haftungsausschluss

ALLE AUSSAGEN IN DIESEM BUCH dienen ausschließlich Informationszwecken. Keine Aussage des Autors oder des Verlegers stellt einen wie auch immer gearteten medizinischen Rat dar; keine Aussage soll einen medizinischen Rat ersetzen oder eine Diagnose darstellen, keine Aussage irgendeiner Art ist eine Behandlungsvorschrift für Krankheiten, Leiden, Beschwerden oder für Verletzungen.

Weder Autor noch Verleger sind irgendjemandem verantwortlich für irgendeine Belastung, Beeinträchtigung, irgendeinen Verlust oder Schaden, der direkt oder indirekt durch den Gebrauch, die Anwendung oder die Interpretation der in diesem Buch enthaltenen Informationen entstanden ist oder vermeintlich entstanden ist.

Vor dem Beginn einer jeden Diät, einschließlich der Reboot with Joe Saftdiät, sollten Sie Ihren Arzt oder Apotheker konsultieren. Für den individuellen Einzelfall können die Resultate und die gesundheitlichen Auswirkungen der Reboot with Joe Saftdiät weder vorhergesehen, vorausgesagt noch garantiert werden. Die US Food and Drug Administration hat die in diesem Buch enthaltenen Aussagen nicht geprüft.

Danksagung

MEIN DANK GILT dem Reboot-Team – Kari Thorstensen, Amie Hannon, Brenna Ryan, Jamie Schneider, Sophie Carrel, Chris Zilo, Ameet Matura, Alex Tibbetts, Erin Flowers, Sarah Mawson, Sean Frechette, Vernon Caldwell, Jamin Mendelsohn, Kurt Engfehr, Shane Hodson, Stacy Kennedy und Claire Georgiou, die, gleichgültig, welche Aufgaben sie sonst haben, gerne neue und köstliche Reboot-freundliche Rezepte kreieren und ausprobieren. Ihre Arbeit findet sich auf diesen Seiten.

Mein Dank gilt auch dem medizinischen Beratungsgremium von Reboot with Joe (neben Stacy Kennedy) – Dr. Ronald Penny, Dr. Carrie Diulus und Dr. Adrian Rawlinson –, die auch weiterhin Rebooting zur Gewichtsabnahme und für die Gesundheit befürworten und empfehlen und die sich stets bemühen, mich bei der Sache zu halten.

Ich danke Sarah Hammond und dem Team von Hodder & Stoughton für die Anregung zu diesem Buch sowie für ihre Hilfe und ihren Einsatz, es zusammen mit dem Team der Greenleaf Book Group auf den Markt zu bringen.

Einleitung

SIEBZIG PROZENT aller Krankheiten werden durch den Lebensstil verursacht[1]. Noch einmal: Siebzig Prozent aller Krankheiten sind auf Entscheidungen zurückzuführen, die wir im Rahmen unseres Lebensstils treffen.

Welche Entscheidungen sind das? Drei Fragen sind wichtig: Rauchen Sie? Treiben Sie Sport? Wie ernähren Sie sich? Eins versteht sich von selbst – wenn Sie die richtigen Entscheidungen treffen (nicht rauchen, konsequent Sport treiben und sich gesund ernähren), dann sind Sie für den Kampf gegen die Krankheit gerüstet. Aber manchmal ist es schwieriger, als man denkt, die richtigen Entscheidungen zu treffen. In unserer Gesellschaft ist es fast normal geworden, Übergewicht zu haben. Und es ist akzeptiert, dass chronische Krankheiten mit Medikamenten behandelt werden. So war es bei mir auch.

Vor ein paar Jahren, ich war Anfang vierzig, betrachtete ich mich kritisch im Spiegel und war nicht zufrieden mit dem, was ich sah – ein Leben voller unkluger Entscheidungen (oder besser gesagt katastrophaler Entscheidungen), die ihren – vorhersehbaren – Tribut gefordert hatten. Ich war chronisch krank und hatte fast 50 Kilo Übergewicht. Aber statt nur geschockt und traurig zu sein, sah ich auch einen Silberstreifen am Horizont – die Wahrscheinlichkeit, dass ich selbst für das, was ich sah, verantwortlich war, lag bei 70 Prozent. Und dann hatte ich gute Chancen, das auch selbst zu ändern. Um dies zu erreichen, brauchte ich die Unterstützung von Mutter Natur. Ich beschloss, mich 60 Tage lang von nichts anderem als dem Saft von frischen Früchten und Gemüse zu ernähren. Dokumentiert wurde dies in meinem Film *Fat, Sick & Nearly Dead*.

Ich hatte mir meinen eigenen Teufelskreis geschaffen, und als ich am Vorabend dieses bedeutenden Geburtstages in den Spiegel sah, begriff ich, dass ich radikal etwas ändern musste, um nicht mein Leben und alles, was mir das Leben gegeben hatte, zu verschleudern und früh im Grab zu landen. Als mir langsam klar wurde, dass *ich* das eigentliche Problem bin, war das ein ziemlich ernüchternder Augenblick – es ist nicht einfach, sich einzugestehen, dass man selbst für die eigenen Probleme verantwortlich ist. Und es ist auch ziemlich peinlich.

Ich hatte mich von der Natur abgewandt und die einfachen, aber wahren Lektionen ignoriert, die wir als Kind gelernt haben. Iss Obst und Gemüse. Dies mag sich ganz einfach anhören, aber zu diesem Zeitpunkt aß ich kaum Gemüse; Gemüse war das, was ich zur Seite schob, um an das zu kommen, was ich eigentlich wollte, und Obst war meistens nur die Maraschino-Kirsche auf einem Eisbecher oder ein paar Beeren als Dekoration einer *richtigen* Nachspeise. Was würde passieren, wenn ich meinen Obst- und Gemüsekonsum von praktisch 0 auf 100 steigern würde? Das wäre ein ziemlich simples Experiment und würde zu einer klaren Aussage führen, richtig? Aber wie sollte ich das machen?

Der Gedanke, jeden Tag unaufhörlich Pflanzliches zu *essen*, war abschreckend, denn, wie jeder bestätigen kann, der mich gerade erst seit 10 Minuten kennt, ich bin immer in Eile. Mir kam der Gedanke, dass die schnellste und effizienteste Methode, meinen Körper mit Nährstoffen zu überschwemmen, wäre, Obst und Gemüse in Saftform zu konsumieren und mich für eine bestimmte Zeit nur davon zu ernähren. Meine Hoffnung war, dass dies mein System neu starten und mich wieder so gesund machen würde, wie ich es als Kind war.

Am Ende meiner Reise nahm ich keine Medikamente mehr ein, hatte all mein Übergewicht verloren und fühlte mich wie neugeboren. Mir war eine zweite Chance gegeben worden. Ich beschloss, meine Zeit und neu gewonnene Energie dafür einzusetzen, Menschen, denen es ähnlich ging wie mir, zu helfen und zu zeigen, dass es einen ebenso einfachen wie wirksamen Weg gibt, sein Wohlbefinden und seine Vitalität zurückzugewinnen. Die letzten Jahre haben alle meine bisherigen Erwartungen derart übertroffen, dass es fast absurd ist. Bis zum heutigen Zeitpunkt, wo ich dieses schreibe, haben bereits 11 Mio. Menschen auf der gesamten Welt *Fat, Sick & Nearly Dead* gesehen. Meine Bemühungen, Informationen und Ermutigung zu verbreiten, haben sich zu einem Unternehmen entwickelt, und mit Reboot with Joe (rebootwithjoe.com – auf Englisch) ist eine Online-Community entstanden. Millionen von Menschen wurden Tools und Rezepte in die Hand gegeben, und sie haben eine Gemeinschaft gegründet, die sie brauchten, um ihr Leben neu starten zu können. Ich habe auf der ganzen Welt Vorträge gehalten, und mich haben die persönlichen Geschichten, die die Menschen zwischen Auckland und Oakland mit mir geteilt haben, bewegt, inspiriert und mich auch bescheiden werden lassen.

Mein letztes Buch, *Reboot with Joe – Die Saftkur*, wurde sehr schnell ein großer Erfolg, teilweise weil die Menschen, die der Film angesprochen hatte, wissen wollten, wie sie den Plan, nach dem ich lebte, auf ihr eigenes Leben anwenden konnten. Wir stellten eine Reihe von Plänen zusammen, sodass verschiedene Möglichkeiten eines Reboots angeboten werden und jeder den Plan wählen kann, der am besten zu seinem Lebensstil passt. Einer der Vorteile einer Online-Community ist, dass man von den Kunden umgehend Feedback

ohne jegliche Filter erhält. Was mir Rebooter sagten (ich wette, Sie sind einer davon!), die meine Pläne in meinem How-to-Buch befolgt hatten, war zwiespältig.

Der eine Teil sagte: mehr davon.

Daher habe ich dieses Buch für diejenigen von Ihnen geschrieben, die mehr wollen – mehr Rezepte, mehr Unterstützung, mehr Informationen und mehr Abwechslung. Egal, ob es Ihr erster Reboot ist oder bereits der vierzehnte – das, was Sie in diesem Buch lesen, hilft bei der Umgewöhnung der Geschmackssinne und dabei, sich den Schleier von den Augen zu reißen und endlich selbst die Verantwortung für die eigene Gesundheit und die Zukunft zu übernehmen. Und Sie werden feststellen, dass die Informationen auch nach dem Reboot noch nützlich sind und Ihnen zur Annahme der neuen Verhaltensweisen, Rezepte und Einstellungen verhelfen werden, sodass sie fester Bestandteil Ihres Lebens werden. Dieses Buch ist als Begleiter zu Ihrem Reboot-Plan gedacht (wenn Sie noch keinen haben, holen Sie sich ein Exemplar von *Reboot with Joe – Die Saftkur* oder besuchen Sie rebootwithjoe.com). Alle Rezepte in diesem Buch können als Ersatz für die Rezepte der Reboot-Pläne verwendet werden – so können Sie den Zeitraum der ausschließlich pflanzlichen Ernährung und Saftkur ganz nach Ihrem eigenen Geschmack anpassen! Wir haben die Rezepte farblich kodiert, um sicherzustellen, dass Sie auch bei wechselnden Rezepten immer noch ausreichend Vitamine und Mineralstoffe zu sich nehmen. Sie erhalten auch Informationen zu Krankheiten, da wir neben den Rezepten auch die diejenigen aufgeführt haben, die durch einen bestimmten Saft gelindert werden. Und wenn Sie sich in der Post-Reboot-Phase befinden, dann ist es hilfreich, Rezepte zur Hand zu haben, zu denen auch gut Fleisch und Beilagen passen, oder die man einfach so genießen kann.

Und als Zweites höre ich »Was nun«?

Meine Antwort auf »Was nun?« ist mein zweiter Film *Fat, Sick & Nearly Dead 2* (erschienen 2014). Darin wird die nächste Phase einer lebenslangen Reise behandelt, die auf die Entscheidung zur Veränderung folgt und die ich Ihnen gerne vorstellen möchte.

Sie sehen, dass ich Glück hatte. Ich bin auf eine Lösung gestoßen, die ganz einfach funktioniert. Rebooten hat mein Leben gerettet – nicht nur sind mir dadurch Lebensjahre geschenkt worden, sondern ich freue mich wieder am Leben, bin nicht mehr verzweifelt und hoffnungslos. Meine Lebenskraft ist zurückgekehrt, ein Ende mit Schrecken fürchte ich nicht mehr. Das Gleiche kann auch für Sie wahr werden. Ich habe ein Motto: »Nur der Aktive hat Glück.« Ich hoffe, dieses Buch hilft Ihnen dabei, aktiv zu werden und die notwendigen Maßnahmen zu ergreifen.

Legen Sie los!

Wie verwende ich dieses Buch?

DIESES BUCH ist als Begleiter zum Reboot, einer Zeit, in der Sie nur frisches Obst und Gemüse zu sich nehmen, gedacht. Ich nehme an, dass Sie sich bereits einen Reboot-Plan ausgesucht haben, bereits mittendrin beim Rebooten sind oder bereit sind anzufangen. Wenn Sie noch keinen Plan haben, finden Sie einige kostenlos auf meiner Website rebootwithjoe.com (auf Englisch). Dieselben Pläne, zusammen mit einer Fülle von Informationen darüber, wie ein Reboot funktioniert und wie Sie erfolgreich beginnen, finden Sie auch in meinem Buch *Reboot with Joe – Die Saftkur*.

Ich hoffe, diese neue Rezeptsammlung bietet Ideen und Anregungen, um Ihren Reboot interessant und abwechslungsreich zu gestalten. Möglicherweise sind Sie es leid, meinen Gemeinen Grünen Saft zu trinken, und vielleicht sind Sie nicht wirklich ein Fan von geröstetem Eichelkürbis mit Pilz-Salbeifüllung. Und das ist in Ordnung. In diesem Buch finden Sie weitere Rezepte, durch die Sie die in den Reboot-Plänen genannten ersetzen können, sodass Sie Ihren Reboot ganz nach Ihren eigenen Bedürfnissen und Wünschen anpassen können.

Sie können jeden Smoothie durch einen in diesem Buch aufgeführten ersetzen und jeden Salat durch einen anderen hier genannten. Wir haben die Säfte farblich codiert – rot, orange, grün, violett und gelb. Versuchen Sie ein Rezept durch ein anderes der jeweils gleichen Farbe zu ersetzen, um sicherzustellen, dass Sie immer eine Vielfalt an Vitaminen und Mineralstoffen aufnehmen. Wenn Sie an einer Krankheit leiden, achten Sie auf die Angaben neben dem Rezept – hier erfahren Sie, bei welchen Krankheiten ein Rezept besonders geeignet ist. Falls Sie an Diabetes oder einer Schilddrüsenerkrankung leiden, sollten Sie besonders vorsichtig bei Rohkost sein; bitte lesen Sie hierzu die Abschnitte über Reboot bei Diabetes und Reboot bei Schilddrüsenerkrankungen.

Und wenn Sie nicht rebooten? Die Rezepte in diesem Buch eignen sich auch für alle, die sich mit mehr Obst und Gemüse ernähren möchten. Probieren Sie es aus und kombinieren Sie die Rezepte mit Getreide und Fleisch oder genießen Sie fleischlose Festessen.

Die hier vorgestellten Rezepte sind eine Sammlung aus alten Lieblingsrezepten und einigen neuen, die wir nur für dieses Buch entwickelt haben.

Noch mehr Rezepte, unsere Community und Tools, die Sie beim Rebooten unterstützen, finden Sie auf rebootwithjoe.com.

Wichtig

Jahreszeiten	Die ideale Jahreszeit in der nördlichen Hemisphäre für eine oder mehrere Hauptzutaten des Rezepts, sodass Sie die Zutaten stets im optimalen Reifegrad zur richtigen Jahreszeit verwenden.
Farbe: ~ ~ ~ ~ ~	Versuchen Sie möglichst viele verschiedene Farben zu trinken. Wenn Sie Rezepte bei einem Reboot-Plan austauschen, dann ersetzen Sie sie jeweils durch ein anderes derselben Farbe.
	Dies ist ein schnelles und unaufwendiges Rezept mit nur wenigen Zutaten.
	Ideal nach einem Workout – oder wenn es ein Saft ist, auch beim Workout.
	Besonders hilfreich, wenn Sie an einer oder mehrerer der aufgeführten Krankheiten leiden.
	Geeignet für einen Reboot (das sind alle in diesem Buch mit Ausnahme einiger der Fruchtfleisch-Rezepte).

Täglicher Reboot-Leitfaden

An reinen Saft-Tagen sollte Ihre Flüssigkeitsaufnahme wie folgt aussehen (bei Änderungen durch Säfte mit der gleichen Farbe ersetzen):

- Aufwachen: 250 ml heißes Wasser mit Zitrone und/oder Ingwer
- Frühstück: etwas Orangefarbenes oder Rotes
- Zweites Frühstück: 500 ml Kokoswasser
- Mittagessen: etwas Grünes
- Nachmittagssnack: etwas Gelbes oder Rotes
- Abendbrot: etwas Grünes
- Dessert: etwas Violettes oder Orangefarbenes
- Vor dem Zubettgehen: Kräutertee
- Während des Tages: Trinken Sie viel Wasser (1,5 Liter)

EINS

SAFTHERSTELLUNG

Wie mache ich Saft?

Die Zutaten gründlich waschen. Ungewaschenes Obst und Gemüse kann mit Bakterien kontaminiert sein, daher ist das gründliche Waschen ein wichtiger Schritt bei der Saftherstellung

Legen Sie den Fruchtkorb aus. Wenn Ihr Entsafter einen Fruchtkorb besitzt, legen Sie ihn mit einer Plastiktüte aus, sodass die anschließende Reinigung ganz schnell geht. Verwenden Sie kompostierbare Tüten, die Sie direkt in der Biotonne oder auf dem Kompost entsorgen können. Denken Sie auch daran, dass durch die Verwendung des Tresters (Fruchtfleisch) auch der Nähr- und Ballaststoffgehalt von bestimmten Rezepten gesteigert werden kann. Ab Seite 190 und unter rebootwithjoe.com finden Sie weitere Tipps zur Verwendung des Tresters – vom Kompostieren bis zur Herstellung von Brühe oder Muffins.

Obst und Gemüse in Stücke schneiden oder zerreißen. Die Stücke müssen so klein geschnitten werden, dass sie durch den Einfüllschacht passen. Dies sollte am besten direkt vor dem Entsaften geschehen.

Obst bzw. Gemüse durch den Einfüllschacht des Entsafters einführen. Wenn Ihr Gerät mehr als eine Geschwindigkeitsstufe besitzt, dann müssen Sie daran denken, bei einigen weichen Fruchtarten die Geschwindigkeit herunterzuschalten (die Gebrauchsanleitung sollte Hinweise zu den einzelnen Früchten und den geeigneten Geschwindigkeiten enthalten). In der Regel wird hartes Obst und Gemüse, wie Äpfel und Rote Bete, bei hohen Geschwindigkeiten verarbeitet und weiches wie Spinat und Kohl, bei geringeren.

Den Trester erneut entsaften. Nach dem ersten Durchgang prüfen, ob der Trester noch feucht ist. Falls ja, entsaften Sie ihn erneut, um die Saftausbeute zu erhöhen.

Trinken. Sie sollten jetzt frischen Saft zum Trinken haben. Wenn Sie es kalt mögen, können Sie ihn auf Eis trinken – aber auf jeden Fall sollte der Saft sofort nach dem Entsaften getrunken werden, da er beginnt an Nährwert zu verlieren. Bei richtiger Lagerung (siehe Seite 10) kann er 2–3 Tage aufbewahrt werden; aber denken Sie daran, dass er keine Konservierungsstoffe enthält (deshalb ist er so gesund) und daher schnell schlecht wird.

Nun den Entsafter reinigen. Das Gerät reinigen (beachten Sie die Hinweise in der Gebrauchsanleitung).

Leckerer Regenbogen

Den Regenbogen zu essen klingt wie ein Spiel, aber was bedeutet es? Die Farben des Saft-Regenbogens sind die Farben der verschiedenen Früchte, die Sie im Laufe der Woche zu sich nehmen.

Orangefarbenes Obst und Gemüse wie Karotten und Orangen erhalten ihre auffällige Farbe vom Beta-Carotin und einer Vielfalt an Antioxidantien, Vitaminen, Ballaststoffen und Phytonährstoffen, die wichtig für Ihre Haut, die Augen und das Herz sind. Sie enthalten auch große Mengen an Vitamin A, das den Körper vor freien Radikalen schützt, und Vitamin C unterstützt das Immunsystem.

Rotes Obst und Gemüse wie Rote Bete und Kirschen enthalten viele Antioxidantien sowie viele Vitamine, Mineralstoffe, die den Körper bei der Krankheitsabwehr unterstützen und sich positiv auf die Gesundheit auswirken. Besonders Rote Bete enthält den Nährstoff Betalain, der entzündungshemmend wirkt, und Rote Beten sind ideal vor dem Workout, da sie die Sauerstoffaufnahme des Bluts fördern.

Grünes Blattgemüse, mein Lieblingsessen, enthält sehr viel Chlorophyll und verleiht mir schier unendliche Energie. Ganz zu schweigen von der hohen Konzentration an Phytonährstoffen, Vitaminen und Mineralstoffen, die der Körper zum Funktionieren braucht. Wenn Sie all diese Farben kombinieren, dann helfen Sie Ihrem Körper gesund und stark zu bleiben.

Tipps zum Aufbewahren des Safts

In einen luftdicht verschlossenen Behälter geben. Ideal ist ein Behälter aus Glas, aber BPA-freier Kunststoff ist auch gut geeignet. Einige Behörden, wie die US Food and Drug Administration, raten von Bisphenol-A (BPA), einer Chemikalie, die oft bei der Herstellung von Kunststoff verwendet wird, ab. Einige Forschungsstudien haben BPA mit Brustkrebs und Diabetes assoziiert sowie Hyperaktivität, Aggression und Depressionen bei Kinder.[2]

Den Behälter bis zum Rand füllen. So kann möglichst wenig Sauerstoff eindringen, sodass der Nährstoffabbau verlangsamt wird.

Der Saft hält sich im Kühlschrank 2 bis 3 Tage (72 Stunden ist die maximal empfohlene Aufbewahrungszeit). Wenn Sie unterwegs sind, sollten Sie Ihren Saft in einer Kühltasche o. Ä. transportieren. Verwenden Sie keine Thermosflasche oder Isolierflasche aus Aluminium, da der Saft mit dem Metall reagieren kann.

Kann bis zu 10 Tage eingefroren werden. Wenn Sie den Saft nicht innerhalb von 48 Stunden aufbrauchen, dann empfiehlt es sich, ihn sofort einzufrieren. Bei Bedarf im Kühlschrank auftauen. Stellen Sie sicher, dass Sie die gesamte Menge innerhalb von 10 Tagen ab dem Einfrierdatum aufbrauchen.

Schälen oder nicht schälen?

Ich gebe in meinem Saft gerne etwas Zitronenschale, aber mein Geschmack ist zugegebenermaßen etwas gewöhnungsbedürftig. Wenn ich meinen Gemeinen Grünen für Freunde mache, die noch nie frischen Saft getrunken haben, dann lasse ich die Zitronenschale weg, weil ich niemanden vom Entsaften abschrecken möchte. Aber alle Zitrusfrüchte enthalten mehr als sechzig Flavonoide und die höchste Konzentration befindet sich in der Schale. (Flavonoide sind Substanzen, die in Pflanzen vorkommen, von denen viele für die gelbe, orange und rote Farbe verantwortlich sind. Und Flavonoide sind sehr gesund.) Die weiße Haut unter der Schale einer Zitrusfrucht ist auch reich an Nährstoffen. Wenn Sie sich gar nicht mit Schale in Ihrem Saft anfreunden können, dann können Sie einfach darauf verzichten, die weiße Haut zu entfernen. In diesem Fall empfehle ich die Schale abzuschneiden, sodass möglichst viel von der weißen Haut erhalten bleibt.

Im Allgemeinen gilt, dass die äußeren Schichten von Obst und Gemüse oft mehr Nährstoffe enthalten als das, was sie schützen. Die Schale von Zitrusfrüchten enthält pro Gramm mehr Mineralstoffe, Vitamine (vor allem Vitamin C) und Ballaststoffe als das Fruchtfleisch. Zum Beispiel hat laut der Datenbank des amerikanischen Landwirtschaftsministeriums (United States Department of Agriculture) ein Esslöffel Zitronenschale den doppelten Gehalt an Vitamin C und den dreifachen Gehalt an Ballaststoffen als ein Zitronenviertel ohne Schale. Also: Die meisten Obst- und Gemüsearten sollte man nicht schälen. Hier folgen einige weitere Schalen und Rinden, von denen Sie vielleicht nicht gedacht haben, dass man daraus Saft machen kann.

Wassermelone

Die Rinde von Wassermelonen eignet sich hervorragend zur Saftherstellung – sie enthält weniger Zucker als das Fruchtfleisch sowie mehr Kalium und Ballaststoffe. Wenn Sie die Schale entsorgen, dann werfen Sie nicht nur ca. 40 % des Frischgewichts der Wassermelone weg, sondern auch eine hervorragende Citrullin-Quelle. Citrullin ist eine Aminosäure, die im Körper in Arginin umgewandelt wird. Arginin fördert die Durchblutung, was wiederum den Blutdruck senkt und das Herz-Kreislauf-System gesund erhält.

Genau wie bei Zitrusfrüchten steckt auch hier der weiße Teil der Schale voller Nährstoffe. Wenn Ihnen der Geschmack der gesamten Schale zu stark ist, dann kann man auch nur etwas Weißes am Fruchtfleisch der Wassermelone belassen.

Mango

Mangos vor dem Entsaften nicht schälen. Die Schale enthält viele Antioxidantien und andere gesunde Stoffe, die im Mangofruchtfleisch nur in geringen Mengen vorkommen. Mangiferin, ein Phytonährstoff und hochwirksames Antioxidans, kommt hauptsächlich in der Schale vor. Mangiferin wird nachgesagt, dass es vor Hautkrebs schützt, und seine vor UV-Licht schützenden Eigenschaften werden in der Kosmetikindustrie eingesetzt.

Achtung: Mango-Allergie! Die Mangoschale ist essbar, löst aber bei manchen Menschen eine allergische Reaktion aus. Auf Hawaii ist diese Allergie als

»Mango-Juckreiz« (mango itch) bekannt; der Saft des Mangobaums und die Schale enthalten Urushiol, denselben Stoff, der für den juckenden Hautausschlag verantwortlich ist, der von Giftefeu und Gifteiche verursacht wird. Menschen, die empfindlich auf Giftefeu und Gifteiche reagieren, sind unter Umständen auch allergisch gegen Urushiol in Mangos und sollten auf den Genuss und das Entsaften der Schale verzichten.

Apfel

Bei Äpfeln wird die Schale oft mitgegessen, aber vielen schmeckt der Apfel einfach besser geschält. Wenn Sie auch dazu zählen, dann ändern Sie vielleicht Ihre Meinung, wenn Sie erfahren, dass die Nährstoffe hauptsächlich in der Schale stecken. Sie enthält Vitamin A und C und ist reich an Mineralstoffen wie Kalzium, Kalium und Eisen. Ganz zu schweigen von den Ballaststoffen. Ungefähr zwei Drittel der löslichen und unlöslichen Ballaststoffe eines Apfels sitzen in der Schale.

Wenn man die Schale mitisst oder sie im Saft verwendet, dann sollte man Obst und Gemüse in Bio-Qualität verwenden, weil sich Pestizide häufig konzentriert auf der Schale anreichern. Aber unabhängig davon, ob Bio-Qualität oder nicht, Obst und Gemüse sollte vor dem Verzehr, Entsaften oder Pürieren immer gut gewaschen werden. Zum Entfernen von Pestizidrückständen eignen sich Essig, Zitronensaft, Backpulver und Wasser.

Sie möchten keinen Saft daraus machen? Sie können sie auch essen!

- **Schale von Zitrusfrüchten** — gerieben oder in feinen Streifen geben sie Smoothies und Backwaren ein tolles Aroma. Sie schmecken aber nicht nur in süßen Sachen lecker, sondern auch in pikanten Gerichten und Saucen.
- **Mangoschale** — Mangos kann man roh mit der Schale essen; aber für manchen wird die Textur oder der leicht bittere Geschmack gewöhnungsbedürftig sein. Wenn Sie dazu gehören, dann schneiden Sie die Mango mit Schale in Würfel und pürieren Sie sie mit anderen Früchten oder auch Gemüse. Wählen Sie eine Art mit dünnerer Schale und eine Frucht, die

reif ist, da gilt: je reifer, desto dünner die Schale. Mangoschale kann auch eingelegt oder in der Sonne bzw. im Ofen zu knusprigen Chips getrocknet werden.

- **Wassermelonenschale** — Statt die gesamte weiße Rinde unter der Schale wegzuwerfen, kann man einen schmalen weißen Streifen am Fruchtfleisch belassen und die Wassermelone zu Saft oder in Smoothies verarbeiten. Der leicht bittere Geschmack kann durch andere süße Früchte und/oder Gewürze wie frischer Ingwer ausgeglichen werden. Eingelegte Wassermelonenschale ist im Süden/Südwesten der USA und Mexiko auch eine beliebte Alternative zu eingelegten Gurken und Gemüse.
- **Äpfel** — Vor dem Verzehr gut abspülen und dann direkt hineinbeißen oder in Achtel schneiden und mit etwas Nussbutter Ihrer Wahl bestreichen, sodass ein satt machender Snack daraus wird.
- **Lauchblätter** — Wussten Sie, dass Lauch eins der eisenhaltigsten Nahrungsmittel ist und mehr Eisen als Spinat enthält? Ich habe immer das Blatt (den dunkelgrünen Teil) abgeschnitten und entsorgt und nur das Weiße bzw. Hellgrüne gegessen. (Der dunkelgrüne Teil ist keine Art Schale und wir sollten ihn nicht wegwerfen, sondern essen!) Mir wurde immer gesagt, dass der dunkelgrüne Teil nicht essbar sei. Aber das stimmt überhaupt nicht. Die grünen Blätter sind dicker als der untere Teil nahe der Wurzel und brauchen etwas länger zum Garen. Der Trick ist, diesen Teil in ganz feine schmale Ringe zu schneiden. Oder diagonal, das funktioniert auch. Man kann sie gut als Garnierung verwenden, wenn sie in etwas Brühe gedünstet oder bei mittlerer Hitze in etwas Öl angebraten wurden. Klein geschnitten verleihen sie einer Gemüsebrühe ein würziges Aroma. Wenn sie kurz blanchiert werden (damit sie weicher werden), kann man die äußeren Blätter auch verwenden, um daraus Tofu- oder Fischrollen zu machen oder eine andere Art Protein darin einwickeln, zu dem ihr mildes, an Zwiebeln erinnerndes Aroma gut passt.

Obst und Gemüse entsaften

Sie wissen nicht genau, wie Sie das Obst und Gemüse und/oder die Gewürze für das Entsaften vorbereiten sollen? Hier finden Sie eine Liste, wie die beliebtesten Zutaten für das Entsaften vorbereitet werden sollten. Wenn Sie ein bisschen Übung bei der Herstellung der Säfte in diesem Buch gewonnen haben, experimentieren Sie herum, lassen Sie Ihrer Kreativität freien Lauf und probieren Sie eigene Kombinationen aus. Weitere Saftrezepte finden Sie unter rebootwithjoe.com/recipes (auf englisch).

GEMÜSE	VORBEREITUNG
Aubergine 	Ich habe noch nie eine Aubergine entsaftet und ich habe das auch nicht vor.
Blattkohl 	Blätter waschen. Die Blattstiele müssen nicht entfernt werden. Aufgerollt in den Entsafter geben und nach einigen Blättern jeweils eine härtere Obst- und Gemüseart wie Apfel, Knollensellerie oder Gurke dazugeben.
Brokkoli 	Nach dem Abspülen sämtliche Teile entsaften.
Fenchel 	Abspülen und die Knolle klein schneiden. Das Fenchelgrün enthält zusätzliche Nährstoffe und kann auch entsaftet werden. Fenchel besitzt einen leicht anisartigen Geschmack, der an Lakritz erinnert.
Frühlingszwiebel 	Müssen vor dem Entsaften nur gut abgespült werden. Die Zwiebeln oder der dunkelgrüne Teil müssen nicht entfernt werden und können auch entsaftet werden. Sie besitzen ein ähnlich starkes Aroma wie Zwiebeln, daher empfiehlt sich der sparsame Gebrauch.
Grünkohl 	Jede Sorte ist geeignet. Die Blätter waschen, aufrollen (3–4 zusammen) und in den Entsafter geben, gefolgt von jeweils einer härteren Frucht oder Gemüsesorte wie Apfel, Sellerie oder Gurke, um die Saftausbeute zu verbessern.
Gurke 	Halbieren. Schälen nicht notwendig.

Jicama

Waschen und in Scheiben schneiden, aber nicht schälen. Der Saft enthält die Nährstoffe, die direkt unter der Haut sitzen, auch wenn die Schale nach dem Entsaften entsorgt wird.

Kai Choi

siehe Senfkohl

Karotte

Vor dem Entsaften sehr gründlich abspülen. Sie müssen nicht geschält werden und auch die Blätter können entsaftet werden.

Knollensellerie

Gut waschen, da sich oft Sand an den Wurzelansätzen versteckt. Wer den erdigen Geschmack nicht mag, der sollte genau wie bei Beten den Sellerie schälen. In entsaftergerechte Stücke schneiden.

Kohlrabi

Kohlrabi und Blätter eignen sich zum Entsaften, aber der Saft hat einen intensiven Geschmack (genau wie bei Brokkoli) und der fertige Saft sollte zu nicht mehr als 25 % aus Kohlrabisaft bestehen.

Kopfsalat

Die Blätter einzeln abspülen, um Schmutz und Sand zu entfernen. Die Blattstiele müssen nicht entfernt werden. Blätter aufrollen und in den Entsafter geben und nach einigen Blättern jeweils eine etwas härtere Frucht oder Gemüseart folgen lassen (Apfel, Sellerie oder Gurke), um die Verarbeitung zu beschleunigen.

Kürbis

Stiel entfernen und den Kürbis abschrubben. Wenn die Schale sehr dick und hart ist, abschälen. Sonst mit Schale und Kernen (enthalten krebsbekämpfende Stoffe) aufschneiden.

Lauch

Die Wurzel unten abschneiden und dann die gesamte Lauchstange (grüner und weißer Teil) der Länge nach halb aufschneiden. Die einzelnen Schichten vorsichtig trennen und gut abspülen.

Löwenzahnblätter

Blätter waschen. Die Blattstiele müssen nicht entfernt werden. Aufgerollt in den Entsafter geben und nach einigen Blättern jeweils eine härtere Obst- und Gemüseart wie Apfel, Knollensellerie oder Gurke dazugeben. Löwenzahnblätter besitzen einen starken Eigengeschmack und sollten daher nur sparsam verwendet werden oder der bittere Geschmack wird durch eine süße und saftige Frucht wie Ananas ausgeglichen.

Mangold

Die Blätter einzeln abspülen, um Schmutz und Sand zu entfernen. Die Blattstiele müssen nicht entfernt werden. Aufgerollt in den Entsafter geben und nach einigen Blättern jeweils eine härtere Obst- und Gemüseart wie Apfel, Sellerie oder Gurke dazugeben.

Palmkohl

siehe Grünkohl

Paprika

Abspülen und den Stängel entfernen. Die Kerne können mit verwendet werden. In passende Stücke schneiden.

Pastinake

Vor dem Entsaften sehr gründlich abspülen. Pastinaken müssen nicht geschält werden. Große Exemplare eventuell der Länge nach halbieren. Können gut dazu verwendet werden, grünes Blattgemüse in den Entsafter zu drücken.

Radieschen

Wurzeln und Stiele können auch entsaftet werden, aber nicht die Blätter. Gut abspülen und entsaften. Vorsicht! Radieschen können Ihrem Saft im Handumdrehen ein scharfes Aroma geben. Wenn Ihnen kalt ist, dann wärmen sie von innen.

Römersalat

Die Blätter einzeln abspülen, um Schmutz und Sand zu entfernen. Die Blattstiele müssen nicht entfernt werden. Aufgerollt in den Entsafter geben und nach einigen Blättern jeweils eine härtere Obst- und Gemüseart wie Apfel, Knollensellerie oder Gurke dazugeben.

Rot- und Weißkohl

Der Kohlkopf sollte fest sein und knackfrische Blätter haben. In Viertel oder kleiner schneiden, damit er in den Entsafterschacht passt.

Rote Bete

Wenn Sie den erdigen Geschmack nicht mögen, entfernen Sie die Schale. In Stücke schneiden. Stiele und Blätter können ebenfalls entfernt werden.

Rübe

Abschrubben und in Stücke schneiden, die in den Entsafter passen. Sehr gut geeignet für kältere Tage.

Sellerie

siehe Knollensellerie

Senfkohl

Nur sparsam verwenden, da er ein sehr intensives Aroma hat. Blätter waschen. Die Blattstiele müssen nicht entfernt werden. Aufgerollt in den Entsafter geben und nach einigen Blättern jeweils eine härtere Obst- und Gemüseart wie Apfel, Knollensellerie oder Gurke dazugeben.

Spargel

Die Spargelstangen gründlich abspülen und mit der Spitze voran in den Entsafter geben.

Spinat

Gut waschen – manchmal versteckt sich viel Sand und Erde in den Bündeln. Die Blattstiele müssen nicht entfernt werden. Aufgerollt in den Entsafter geben und nach einigen Blättern jeweils eine härtere Obst- und Gemüseart wie Apfel, Knollensellerie oder Gurke dazugeben.

Staudensellerie

Gut abspülen und die gesamte Selleriestange, einschließlich der Blätter, in den Entsafter geben.

Süßkartoffel

Abschrubben und klein schneiden. Zusammen mit Pfirsichen, Birnen und/oder Äpfeln ergeben sie einen leckeren Dessertsaft.

Tomate

Gut waschen und Stiel und Blätter entfernen. Samen nicht entfernen. Große Tomaten vor dem Entsaften klein schneiden. Frischer Tomatensaft schmeckt vollkommen anders als der aus der Dose.

Weizengras

Manche Entsafter verarbeiten Weizengras besser als andere. Wenn Sie nur eine kleine Menge verarbeiten, hat kein Entsafter damit Schwierigkeiten. Weizengras abspülen, zusammendrehen oder zu einem Ball zusammenrollen und mit etwas Saftigem und Festem, wie einem Apfel, in die Maschine schieben. Weizengras verleiht dem Saft eine schöne grüne Farbe und liefert durch das Chlorophyll viel Energie.

Yambohne

siehe Jicama

Zucchini

Schrubben und den Stiel entfernen, aber das andere Ende nicht abschneiden. Zucchini eignen sich hervorragend, um Blattgemüse in den Entsafter zu schieben.

Zuckerschote

Gut abspülen und entsaften. Sie enthalten nicht viel Wasser und ergeben daher nicht viel Saft. Eventuell zusammen mit Karotten entsaften.

Zwiebel

Sparsam verwenden, da Zwiebeln dem Saft ein äußerst durchdringendes Aroma verleihen können. Einige verzichten ganz auf das Entsaften von Zwiebeln, da rohe Zwiebeln schwer im Magen liegen können. Die papierartige Haut abziehen, klein schneiden und in den Entsafter geben. Jeweils nur eine geringe Menge zum Saft geben, abschmecken und eventuell noch mehr dazugeben.

OBST	VORBEREITUNG
Ananas 	Je schwerer eine Ananas ist, desto reifer ist sie. Oben an den Blättern greifen und sie abdrehen (eventuell Handschuhe tragen). Vierteln, das harte Innenteil herausschneiden, die Schale abschneiden und entsaften.
Apfel 	Vor dem Entsaften das Kerngehäuse und die Kerne entfernen.
Aprikose 	Zum Entfernen des Kerns die Aprikose abspülen und halbieren.
Avocado 	Schälen und den Kern entfernen, der mit einem Löffel herausgehoben werden kann. Das Fruchtfleisch kann in einem Mixer zum Verdicken von Säften verwendet werden, sie sollten aber nie entsaftet werden.
Banane 	Schälen, aber nicht entsaften. Genau wie Avocados eignen sie sich hervorragend zum Andicken von Säften im Mixer.
Birne 	Stiel entfernen. Waschen und als Ganzes entsaften. Eventuell klein schneiden.

Blaubeere

Im Sieb abspülen.

Brombeere

Im Sieb abspülen. Die Brombeeren am Tag des Entsaftens waschen, denn gewaschen halten sie sich nicht mehr lange.

Chayote

Waschen und klein schneiden. Schälen oder Entfernen der Kerne ist nicht nötig.

Cranberrie

Abspülen und entsaften. Da die Cranberries sehr sauer und bitter sind, empfiehlt es sich, sie mit einer süßen Frucht zu entsaften (fertiger Cranberrysaft ist nachgesüßt).

Erdbeere

Erdbeeren besitzen nach dem Entsaften einen starken Eigengeschmack, deshalb kombiniere ich sie gerne mit anderen Beeren oder ein oder zwei anderen Früchten. Einfach abspülen, Blätter und Stiele entfernen und entsaften.

Granatapfel

Ich habe einen Trick für diese Frucht entwickelt: Eine Schüssel mit Wasser füllen, den Granatapfel halbieren, aber die Hälften nicht trennen. In das Wasser eintauchen und dann erst auseinanderbrechen – auf diese Weise kann der Saft nicht überall hinspritzen. Unter Wasser den Granatapfel in Stücke brechen und die Kerne herauslösen. Die weiße Haut und die Außenhaut schwimmen auf der Oberfläche und die Kerne sinken nach unten. Die Haut und weißen Stücke von der Oberfläche abnehmen, entsorgen und die Kerne mit einem Schöpflöffel herausheben. So, wie sie sind, entsaften.

Grapefruit

Beim Pellen so wenig wie möglich von der weißen Schale entfernen, denn sie enthält Nährstoffe, die dem Körper helfen, das Vitamin C und die in den Zitrusfrüchten enthaltenen Antioxidantien aufzunehmen. Klein schneiden und die Kerne entfernen. Wenn Sie einen Zentrifugenentsafter haben, müssen die Kerne nicht unbedingt entfernt werden, da auch sie wertvolle Nährstoffe enthalten.

Himbeere

Abspülen und entsaften. Ich gebe oft einen Spritzer Zitronensaft zu einem Saft, der Himbeeren enthält, oder kombiniere sie mit frischen Pfirsichen, sodass ein Pêche Melba-Saft entsteht.

Kaktusfeige

Wenn die Stacheln noch nicht vollständig entfernt wurden, sollte man Handschuhe tragen. Schälen und eventuell klein schneiden.

Kirsche

Stiel entfernen und Kirschen abspülen. Mit einem Gemüsemesser die Kerne vor dem Entsaften entfernen.

Kiwi

Schälen und in den Entsafter geben (mit Samen).

Kumquats

Als Ganzes entsaften.

Limette

Beim Pellen so wenig wie möglich von der weißen Schale entfernen, denn sie enthält Nährstoffe, die dem Körper helfen, das Vitamin C und die in den Zitrusfrüchten enthaltenen Antioxidantien aufzunehmen. Klein schneiden und die Kerne entfernen. Wenn Sie einen Zentrifugenentsafter haben, müssen die Kerne nicht unbedingt entfernt werden, da auch sie wertvolle Nährstoffe enthalten.

Mango

Schälen und das Fleisch in Dreiecken vom Stein schneiden. Zusammen mit Ananas ergeben Mangos einen tollen tropischen Fruchtmix. Mangos verleihen auch eine cremige Textur.

Melone

Das orangefarbene Fleisch der Cantaloupe vor dem Entsaften in Keile schneiden, schälen und entkernen. Andere Melonensorten (z.B. Honigmelone, Charentais, Galia) können mit den Kernen entsaftet werden.

Orange

Beim Pellen so wenig wie möglich von der weißen Schale entfernen, denn sie enthält Nährstoffe, die dem Körper helfen, das Vitamin C und die in den Zitrusfrüchten enthaltenen Antioxidantien aufzunehmen. Klein schneiden und die Kerne entfernen. Wenn Sie einen Zentrifugenentsafter haben, müssen die Kerne nicht unbedingt entfernt werden, da auch sie wertvolle Nährstoffe enthalten.

Papaya

Halbieren und die Schale entfernen. Die Samen müssen nicht entfernt werden.

Pfirsich

Halbieren und den Kern entfernen. In den Entsafter geben.

Pflaume

Waschen, halbieren und die Steine entfernen. Ich probiere gerne verschiedene Pflaumensorten aus, da alle einen etwas anderen Geschmack besitzen. Sie verleihen dem Saft eine attraktive Farbe und viele Antioxidantien.

Tangerine

Beim Pellen so wenig wie möglich von der weißen Schale entfernen, denn sie enthält Nährstoffe, die dem Körper helfen, das Vitamin C und die in den Zitrusfrüchten enthaltenen Antioxidantien aufzunehmen. Klein schneiden und die Kerne entfernen. Wenn Sie einen Zentrifugenentsafter haben, müssen die Kerne nicht unbedingt entfernt werden, da auch sie wertvolle Nährstoffe enthalten.

Wassermelone

Wassermelonen ergeben einen Saft, der erstaunlich erfrischt, besonders an heißen Tagen. Einfach in Viertel schneiden und die Rinde, Kerne und das Fruchtfleisch entsaften.

Weintraube

Waschen und von den Stielen entfernen. In den Entsafter geben. Probieren Sie verschiedene Farben aus, da sie einen unterschiedlichen Geschmack ergeben.

Zitrone

Beim Pellen so wenig wie möglich von der weißen Schale entfernen, denn sie enthält Nährstoffe, die dem Körper helfen, das Vitamin C und die in den Zitrusfrüchten enthaltenen Antioxidantien aufzunehmen. Klein schneiden und die Kerne entfernen. Wenn Sie einen Zentrifugenentsafter haben, müssen die Kerne nicht unbedingt entfernt werden, da auch sie wertvolle Nährstoffe enthalten.

KRÄUTER UND GEWÜRZE	VORBEREITUNG
Basilikum 	Gut abspülen und eventuell in einer Schüssel Wasser hin- und herbewegen, falls sehr schmutzig. Die Blätter von den Stängeln zupfen, aufrollen und in den Entsafter geben und danach eine festere Obst- bzw. Gemüsesorte hineingeben.
Chilischote 	Den Stiel entsorgen. Abwaschen und entsaften. Chilischoten können ziemlich scharf sein und man sollte sie nur sparsam verwenden. Wenn die Kerne entfernt werden, enthalten sie weniger Schärfe.
Chinesisches Fünf-Gewürze-Pulver	Nicht in den Entsafter, sondern nur in den fertigen Saft geben.
Dill 	Abspülen und die zarten Dillspitzen vom Stiel abzupfen und entsaften.
Estragon 	Verleiht Gemüsesäften ein leichtes Anis-Aroma. Die Blätter vor dem Entsaften waschen und von den holzigen Stielen zupfen.
Frische Korianderblätter 	Gut abspülen und Stängel und Blätter entsaften.
Gemahlener Zimt 	Nicht in den Entsafter geben. Direkt auf den Saft geben, z.B. auf Apfel-, Birnen- oder Süßkartoffelsaft.

Ingwer

Schneiden Sie ein Stück der gewünschten Größe ab. Verwenden Sie einen Löffel, um die Haut zu entfernen – das ist oft einfacher, als ein Messer zu verwenden. Ingwer ergibt nicht viel Saft, aber er verleiht dem Saft ein unverwechselbares Aroma, daher empfiehlt sich die sparsame Verwendung.

Wie man Saft-Zutaten ersetzen kann

Obst/Gemüse	Alternative
Ananas	Grapefruit, Mangos, Orangen, Granatäpfel
Apfel	Brombeeren, Kirschen, Weintrauben, Honigmelone, Mango, Pfirsich, Birne, Ananas
Basilikum	Koriander, Minze, Petersilie
Rote Bete	Gelbe Bete, Radieschen, Rotkohl, Tomaten
Birne	Äpfel, Sellerie, Pfirsiche, Pflaumen
Blätter und Stiele von Beten	Blattkohl, Löwenzahnblätter, Grünkohl, Senfkohl, Arugula, Spinat, junge Salatblätter, Brunnenkresse
Blattkohl	Blätter und Stiele von Beten, Mangold, Weißkohl, Grünkohl, Senfkohl, Arugula, Römersalat, Spinat, junge Salatblätter, Brunnenkresse
Blaubeere	Brombeeren, Kirschen, Himbeeren, Erdbeeren
Brokkoliröschen	Blumenkohl, Weißkohl
Brokkolistiel	Spargel, Staudensellerie, Gurken, Blumenkohl
Cantaloupes	Honigmelonen, Mangos, Papayas, Pfirsiche
Chilischoten (Jalapeño)	Serranoschoten, gelbe oder grüne Paprika
Cranberries	Brombeeren, Kirschen, Himbeeren
Erdbeere	Brombeeren, Kirschen, Himbeeren
Fenchel	Knollensellerie, Jicama, Kohlrabi
Frische Korianderblätter	Basilikum, Minze, Petersilie
Frühlingszwiebel	Knoblauch, Zwiebeln, Schalotten
Gelbe Paprikaschote	Grüne oder rote Paprikaschoten, gelbe Tomaten, Ananas
Granatapfel	Kirschen, Ananas, Erdbeeren
Grapefruit	Blutorangen, Clementinen, Orangen, Sternfrucht, Tangerinen

Grünkohl	Blätter und Stiele von Beten, Mangold, Kohlblätter, Weißkohl, Senfkohl, Arugula, Spinat, junge Salatblätter, Brunnenkresse
Gurke	Sellerie, Jicama, Zucchini
Himbeere	Brombeeren, Blaubeeren, Kirschen, Erdbeeren
Honigmelone	Äpfel, Cantaloupe, Weintrauben
Ingwer	Zitronen, Limetten
Jalapeños	siehe Chilischoten
Karotte	Butternusskürbis, Pastinaken, Süßkartoffeln
Kirsche	Brombeeren, Blaubeeren, Himbeeren, Erdbeeren
Kiwi	Limetten, Mangos, Orangen, Tangerinen
Knoblauch	Schalotten, Frühlingszwiebeln
Knollensellerie	Jicama, Kohlrabi, Rüben
Kumquats	Orangen
Lauch	Knoblauch, Zwiebeln, Schalotten
Limette	Clementinen, Ingwer, Zitronen, Orangen, Tangerinen
Löwenzahnblätter	Blätter und Stiele von Beten, Blattkohl, Grünkohl, Senfkohl, junge Salatblätter
Mangold	Blätter und Stiele von Beten, Blattkohl, Weißkohl, Grünkohl, Senfkohl, Arugula, Römersalat, Spinat, junge Salatblätter, Brunnenkresse
Mangos	Kiwi, Orangen, Papaya, Ananas
Minze	Basilikum, frischer Koriander, Ingwer
Orange	Clementinen, Grapefruit, Kiwi, Zitronen, Limetten, Mangos, Papaya, Tangerinen
Pastinake	Sellerie, Süßkartoffeln, Rüben, Winterkürbis
Petersilie	Arugula, Basilikum, Koriander, Grünkohl
Pfirsich	Äpfel, Orangen, Birnen, Pflaumen

Radieschen	Bete, Rotkohl, rote Paprikaschoten, Tomaten
Römersalat	Kopfsalat, Radicchio, roter oder grüner Eichblattsalat
Rote Paprikaschote	Radieschen, gelbe oder grüne Paprikaschoten, Tomaten, Wassermelone
Rotkohl	Brokkoli, Blumenkohl, Weißkohl, Radicchio, Radieschen, Tomaten
Schalotte	Knoblauch, Zwiebeln, Frühlingszwiebeln
Sommerkürbis	Gurken, Zucchini
Sonnenblumensprossen	Brokkoli, Blumenkohl
Spargel	Brokkolistängel, grüne Bohnen
Spinat	Blätter und Stiele von Beten, Mangold, Kohlblätter, Löwenzahnblätter, Grünkohl, Senfkohl, Römersalat, junge Salatblätter
Staudensellerie	Gurke, Jicama, Zucchini
Süßkartoffel	Butternusskürbis, Karotten, Pastinaken
Tangerine	Grapefruit, Zitronen, Orangen
Tomate	Radieschen, Rotkohl, rote Paprikaschoten, Wassermelone
Wassermelone	Cantaloupes, Grapefruit, Honigmelone
Weintraube	Äpfel, Honigmelone
Weißkohl	Grünkohl, Rotkohl, Arugula, grüne Paprikaschoten, Brunnenkresse
Winterkürbis	Karotten, Pastinaken, Süßkartoffeln
Zitrone	Clementinen, Ingwer, Limetten, Orangen, Tangerinen
Zucchini	Sellerie, Gurken, Sommerkürbis
Zwiebel	Knoblauch, Lauch, Schalotten

Ein Wort zum Fruchtfleisch (Trester)

»Ich entsafte gerne, aber es tut mir um das Fruchtfleisch leid!« Diese Bemerkung höre ich oft, wenn es ums Entsaften geht. Aber zum Glück gibt es viele Verwendungsmöglichkeiten für das Fruchtfleisch. Ich habe die Reboot Community befragt, was sie mit ihrem Fruchtfleisch anfangen, und die Ideen können ein ganzes Buch füllen. Hier stelle ich einige meiner Favoriten vor. Wir haben auch einige Fruchtfleisch-Rezepte in das Rezepte-Kapitel aufgenommen.

1. Bereiten Sie Ihre eigene Gemüsebrühe zu (siehe Seite 191)!
2. Ideal als Zutat in Gemüsebratlingen; verleiht Geschmack, Textur, Feuchtigkeit und Nährstoffe (siehe Seite 196).
3. Verleiht Smoothies mehr Ballaststoffe.
4. Kompostieren und im Garten verwenden.
5. Ideal auch als Zutat im Klassiker der italienischen Küche: Spaghetti mit Hackbällchen – aus dem Fruchtfleisch werden leckere Gemüsebällchen (siehe Seite 200).
6. Wenn das Fruchtfleisch nicht sofort verwendet wird, kann es in Gefrierbeuteln eingefroren werden.
7. Ideal auch als Tierfutter! Ein bisschen Grünkohltrester schmeckt Hunden im Futter gut. Fruchtfleisch kann auch zur Herstellung nahrhafter Hundekekse verwendet werden (siehe Seite 201).
8. Falls Ihre Kinder nicht gern Gemüse essen, dann kann das Fruchtfleisch in Saucen, Suppen oder anderen Gerichten verwendet werden – keiner wird es merken.
9. Lecker in Bananen-, Karotten- und Zucchinimuffins (siehe Seite 193).
10. Sie halten Hühner? Die werden sich freuen!
11. Einfach unter Suppen heben, sodass Aroma und Nährwert gesteigert werden.
12. Zur Herstellung glutenfreier, roher Rosmarin-Karotten-Leinsamen Cracker (siehe Seite 199).
13. Als Brotaufstrich oder zu Crackern.
14. In Stirfry, Omelette oder Frittata.
15. Den beim Entsaften von Ingwer übrig bleibenden Trester als topisches Betäubungsmittel bei Muskelkater und blauen Flecken verwenden.
16. Als Gesichtsmaske; Gurken, Karotten, Zitronen, Orangen, Petersilie, Grünkohl, Radieschen usw. können direkt auf das Gesicht aufgetragen werden. Eventuell etwas Honig oder Haferflocken untermischen, damit die Masse klebriger wird.
17. In einen Salat geben.
18. Als Dünger für Topfpflanzen.

19. Apfeltrester als Apfelmus verwenden. Etwas Zimt und eine Prise Kokoszucker zugeben und in einer Pfanne erwärmen, bis das Mus die richtige Konsistenz hat.
20. Fruchtfleisch als eigenständigen Snack verwenden. Apfel, Karotten und Ingwerreste mit gehackter Ananas und Kokosflocken!
21. Wenn Sie ein Dörrgerät besitzen, das Fruchtfleisch trocknen und als knackige Salatzutat verwenden.
22. Den Trester von grünem Blattgemüse unter Vollkornreis, Quinoa und Hirse mischen.

Wie findet man die nahrhaftesten und besten Rohstoffe?

Ich werde oft gefragt, welcher Entsafter den nahrhaftesten Saft ergibt, aber das ist keine einfache Frage, da die Qualität des Saftes (und der Zutaten) von einer Reihe von Faktoren abhängt und nicht allein vom Entsafter. Der entscheidendste Faktor ist wahrscheinlich die Qualität der Rohstoffe. Nicht alle Tomaten oder Maiskolben sind von gleicher Qualität. Einer der Erfolge des 21. Jahrhunderts ist die Steigerung der Ernten, um eine stetig wachsende Weltbevölkerung zu ernähren. Aber der Preis für größere Ernten ist eine verringerte Qualität der Erzeugnisse. Einige Studien belegen, dass das Obst und Gemüse, das wir heute produzieren, 10–15 % weniger Eisen, Zink, Proteine, Kalzium, Vitamine und andere Nährstoffe enthält als in der Vergangenheit.[3]

Andere Studien zeigen, dass Obst und Gemüse in Bio-Qualität nährstoffreicher ist als herkömmliche Produkte. Anscheinend verringern Pestizide und Düngemittel, die die Pflanzen schützen und reichere Ernten bringen sollen, gleichzeitig den Nährstoffgehalt. In einer aktuellen Studie wurde gezeigt, dass Tomaten in Bio-Qualität im Vergleich zu herkömmlich angebauten den doppelten Gehalt an Antioxidantien aufwiesen.[4] Und wussten Sie, dass bitter schmeckendes Obst und Gemüse oft eine höhere Konzentration an Phytonährstoffen besitzt?[5]

Es gibt noch weitere Faktoren, welche die Nährstoffdichte von Obst und Gemüse beeinflussen wie z. B. schnell wachsende, alte oder konventionelle Sorten, ob die Frucht süß oder bitter ist und wie die Versorgung mit Sauerstoff, Licht und Wärme ist. Direkt nach der Ernte verlieren Obst und Gemüse bereits an Nährstoffen. Warum? Weil Nährstoffe direkt nach der Ernte beginnen an der Luft zu oxidieren. Je stärker das Licht und die Hitze, denen sie ausgesetzt sind, desto höher der Nährstoffverlust. Grünes Blattgemüse mit einer großen Oberfläche und ohne harte Schutzhülle kann nicht so lange gelagert werden wie anderes Obst und Gemüse und es verliert seine Nährstoffe sehr schnell. Die Schale an Zitrusfrüchten und Melonen schützt die eigentliche Furcht vor dem Kontakt mit Licht und Sauerstoff, deshalb lassen sich z.B. Orangen länger lagern, wenn man sie nicht aufschneidet. Sobald Nahrungsmittel Sauerstoff ausgesetzt ist, sind sie auch den in der Luft enthaltenen Bakterien ausgesetzt und Obst und Gemüse fangen an zu verfaulen.

Das Lagern bei geringen Temperaturen verlangsamt die Wirkung der Bakterien und Obst und Gemüse verdirbt nicht so schnell. Einfrieren stoppt die Wirkung von Bakterien (gefrorene Bakterien sind inaktiv) und einige Obst- und Gemüsearten können ohne Nährstoffverlust bis zu einem Jahr lang eingefroren werden.

Auch Kochen – das Erhitzen über 46 °C oder mehr – kann bei einigen Obst- und Gemüsearten die Nährstoffdichte verringern. Dies ist allerdings nicht der Fall bei Tomaten, denn Kochen erhöht die Konzentration von Lycopen, das für die Krebsabwehr wichtige Eigenschaften besitzt.

Aus diesem Grund bin ich auch Fan von HPP-Säften (High Pressure Processing) in Glasflaschen – HPP-Säfte werden mithilfe von Druck, nicht Hitze, pasteurisiert, sodass beim Pasteurisierungsprozess weniger Nährstoffe verloren gehen. Seine Säfte selbst herzustellen ist immer noch am besten, aber HPP-Säfte sind eine gute Alternative, wenn man einmal nicht seinen eigenen Saft herstellen kann. Ich weiß, was Sie jetzt denken: »Joe, ist eine Rohkost-Ernährung nicht am gesündesten?« Also, ich bin nicht jemand, der sich nur von Rohkost ernähren kann! Ich esse viel Rohkost, aber ich brauche auch Suppen und andere vegetarische Gerichte (und gelegentlich auch mal Eiscreme und Fleisch!). Und ich weiß auch, dass gekochtes Obst und Gemüse einen hohen Nährwert besitzt. Bei einigen Obst- und Gemüsearten verbessert Kochen die Nährstoffaufnahme. Das ist der Grund, warum Sie im Feste-Nahrung-Abschnitt Ihres Reboots auch gegartes Gemüse essen dürfen.

Was bedeutet das für Sie? Die Grundregel ist: Wenn möglich, sollte man lokale Produkte kaufen (Obst und Gemüse ist in der Regel frischer, wenn es nicht um den halben Erdball gereist ist), achten Sie auf alte Sorten, Bio-Qualität und verbrauchen Sie frische Erzeugnisse so schnell wie möglich – und lagern Sie sie nicht eine Woche lang im Kühlschrank. Und TK-Produkte sind oft nicht nur günstiger, sondern enthalten auch mehr Nährstoffe als das gleiche Produkt zur falschen Jahreszeit in der Gemüseabteilung. Machen Sie sich aber keine Sorgen, wenn Sie keine dieser Empfehlungen befolgen können. Ich nehme lieber konventionell angebaute Karotten, die durch das gesamte Land transportiert wurden und dann 7 Tage lang in meinem Kühlschrank aufbewahrt wurden, als 90 % der im Supermarkt angebotenen Waren.

Sind wir schon beim Entsafter mit dem geringsten Nährstoffverlust angelangt? Ich glaube, dass der Verlust an Nährstoffen bei Entsaftern grundsätzlich vernachlässigenswert ist. Nährstoffverluste entstehen, wenn die Entsafter im Betrieb zu warm werden und dadurch den Saft erhitzen. Solche Entsafter, bei denen dies ein gefährliches Ausmaß annimmt, gibt es aber auf dem ganzen Markt nicht. Sie können hier keine falsche Wahl treffen. (Mein Favorit, der Breville Juice Fountain Plus, erwärmt das Obst und Gemüse beim Entsaftungsprozess um ein Grad.) Verwenden Sie den Entsafter, der am besten Ihre Bedürfnisse erfüllt und vergessen Sie die Frage, welcher den nährstoffreichsten Saft erzeugt. Saft ist nährstoffreich – ganz egal, welchen Entsafter man benutzt!

Entsaften und Pürieren – was ist der Unterschied?

Pürieren und Entsaften führen zwar beide zu guten Ergebnissen, unterscheiden sich aber grundlegend voneinander. Beim Pürieren kommt alles zusammen in die Maschine, Sie drücken den Zauberknopf, und alles kommt als feiner Brei wieder heraus. Die einzelnen Blaubeeren, Apfelstücke, Grünkohlblätter sind nicht mehr zu erkennen … aber sie sind alle noch da, in pürierter Form eben. Das Püree besitzt dieselben Kalorien und denselben Nährwert wie die einzelnen Zutaten – man kann sie nur schneller herunterschlucken.

Beim Entsaften dagegen wird der Saft von den Feststoffen getrennt. Die Feststoffe bleiben als Trester übrig – ohne Trester kein Entsaften. In Ihrem Glas haben Sie immer noch drei Viertel der Nährstoffe der festen Zutaten, aber in einer Form, in der sie schneller absorbiert werden und Ihr Verdauungssystem weniger belasten.

Also, was ist besser? Beides ist äußerst gesund!

Beim Entsaften werden unlösliche Ballaststoffe entfernt, aber 65–70 % der Nährstoffe bleiben erhalten. Und ohne die Ballaststoffe, die die Verdauung verlangsamen, kann Ihr Körper die Nährstoffe schnell aufnehmen. Versuchen Sie einmal, 70 % der Zutaten meines Gemeinen Grünen zu essen. Und dann machen Sie das fünfmal am Tag. Da haben Sie ganz schön viel zu kauen und zu verdauen! Daher empfehlen wir beim Reboot das Obst und Gemüse zu entsaften. Durch das Entsaften überfluten Sie Ihren Körper mit Nährstoffen. Wir haben auch festgestellt, dass man schneller abnimmt, wenn man Saft trinkt. Und meiner Erfahrung nach schmecken einige Gemüsearten, Rote Bete, Süßkartoffeln, Kürbis, einfach besser als Saft.

Beim Pürieren werden die unlöslichen Ballaststoffe nicht entfernt. Ja, Ballaststoffe sind gesund. Sie sorgen für eine gute Verdauung, senken den Cholesterinspiegel und verlangsamen die Aufnahme von Zucker, was besonders wichtig für Diabetiker ist. Daher bestehen unsere Reboot-Pläne auch aus Säften, die hauptsächlich aus Gemüse (80 % Gemüse und 20 % Frucht) hergestellt wurden. Sie liefern nicht nur eine wichtige Vielfalt an Nährstoffen, sondern haben auch nur einen geringen Zuckergehalt. Und wenn Ihre Ernährung nach dem Reboot reich an pflanzlichen Nahrungsmitteln ist (was ich hoffe!), dann nehmen Sie ausreichend Ballaststoffe auf.

Wenn ich keinen Reboot mache, dann trinke ich Säfte und Smoothies. Ich bereite mir fast jeden Tag einen Gemeinen Grünen zu, da er nicht nur gesunde Energie liefert, sondern auch lecker schmeckt. Und manchmal ist mir nach einem Green Monkey mit Mandelmilch, Banane und Mandelbutter – Zutaten, die ich nicht entsaften kann. (Weblink zum Rezept (auf Englisch): www.rebootwithjoe.com/kale-banana-peanut-butter-smoothie)

ZWEI
EINKAUFEN UND KOCHEN

Obst und Gemüse einkaufen

Statt in der Schlange im Drive-In zu stehen, müssen Sie natürlich mehr einkaufen, wenn Obst und Gemüse immer wichtiger für Sie werden. Der Einkauf frischer Produkte sollte geplant werden, und Obst und Gemüse muss richtig gelagert werden. Sobald man sich daran gewöhnt hat, ist alles ganz einfach und Routine. Mit den nachfolgenden Tipps wird Ihr nächster Besuch auf dem Wochenmarkt oder im Supermarkt effizient, kostengünstig und nicht zeitaufwendig. Viel Spaß beim Einkaufen!

Vor dem Einkaufen

1. **Erstellen Sie eine Einkaufsliste:** Bereiten Sie sich vor und schreiben Sie einen detaillierten Einkaufszettel, damit Sie genau wissen, was Sie brauchen. Dadurch geht nicht nur das Einkaufen schneller, man vermeidet auch ungesunde Schnellschüsse.

2. **Saisonal kaufen:** Obst und Gemüse der Saison wird überall angeboten und meistens zu einem günstigen Preis. Im Sommer kosten Beeren nur halb so viel wie im Winter.

3. **Vorher etwas essen:** Kaufen Sie niemals hungrig ein. Ein leerer Magen im Supermarkt führt oft zu falschen Entscheidungen.

4. **Einkaufstaschen mitbringen:** Denken Sie an die Umwelt und bringen Sie Ihre eigenen Tüten und Taschen mit. Sie sparen nicht nur Geld, sondern reduzieren auch den Müllberg.

5. **Familie mitnehmen:** Machen Sie einen Familienausflug daraus. Einkaufen ist eine gute Gelegenheit, Kindern eine gesunde Ernährungsweise näherzubringen. Lassen Sie Ihre Kinder auswählen, was sie gerne essen und probieren Sie Neues aus!

Auf dem Markt oder im Supermarkt

1. **Kräftige Farbe:** Wählen Sie immer Obst und Gemüse, das die kräftigsten Farben besitzt. Wenn Erzeugnisse grau oder farblos aussehen, ist dies meist ein Hinweis darauf, dass sie verderben. (Hinweis: Avocados sind die Ausnahme dieser Regel. Leuchtend grüne Avocados sind noch unreif, daher sollte man welche mit dunkler Schale wählen, die sich fest anfühlen.)

2. **Keine Beschädigungen:** Runzeliges, aufgeplatztes Gemüse oder Druckstellen können auf Fäulnis hindeuten. Das ist allerdings nicht immer der Fall, und viele Obst- und Gemüsearten können immer noch in einem Smoothie oder Saft verwendet werden. Aber Sie entscheiden: Eine gute Faustregel ist, wenn es nicht appetitlich aussieht, lieber nicht kaufen.

3. **Saisonal:** Kaufen Sie stets Obst und Gemüse der Saison! Saisonale Produkte sind in der Regel die reifsten und günstigsten Produkte im Angebot. Wenn Sie auf dem Wochenmarkt einkaufen, dann werden wahrscheinlich sowieso nur saisonale Erzeugnisse angeboten, was die Auswahl einfach macht.

4. **Frischer Geruch:** Unser Geruchssinn ist oft ein guter Hinweis auf die Frische. Wenn etwas nicht gut riecht, lieber nicht kaufen.

5. **Kein abgepacktes Obst und Gemüse:** Ja, ich weiß, es ist oft nicht einfach, aber wenn irgend möglich, sollten keine Produkte in Plastikbeuteln gekauft werden, es sei denn, man kauft direkt vom Erzeuger. Auch wenn man lose Äpfel im Supermarkt kaufe, muss man sie nicht in einen Plastikbeutel stecken, sondern kann sie einfach in den Einkaufswagen oder seine wiederverwendbaren Beutel legen.

6. **Die Menge macht's:** Man muss Bananen und Weintrauben nicht büschelweise kaufen. Nehmen Sie nur, was Sie brauchen.

7. **Dreck ist gut:** Wenn das Obst und Gemüse direkt vom Bauernhof kommt, sieht es nicht unbedingt so aus wie aus dem Bilderbuch. Es kann etwas Erde oder Dreck aufweisen, nicht die perfekte Form haben – aber Sie können sich sicher sein, dass es frisch und nährstoffreich ist.

8. **Der Preis:** Achten Sie auf den Preis. Gilt er pro Kilo oder Stück? Wenn der Preis pro Stück gilt, dann suchen Sie sich das schwerste und frischeste Exemplar aus. Wenn abgewogen wird, dann nehmen Sie nur genau die Menge, die Sie brauchen, und sparen Sie Geld.

9. **Bio-Qualität:** Kaufen Sie die Produkte, die auf der »Dirty Dozen« – Liste stehen (siehe S. 41) nur in Bio-Qualität. Die »Clean 15« enthalten im Vergleich nicht so viele Pestizide, sodass sie nicht unbedingt in Bio-Qualität gekauft werden müssen, wenn man Geld sparen möchte.

10. **Tiefkühl-Kost:** Denken Sie auch an die TK-Abteilung. Dort wird Obst und Gemüse in Bio-Qualität stets angeboten. Tiefkühlprodukte sind nährstoffreich und länger haltbar als Frischware.

Obst und Gemüse zu hause lagern

1. **Der beste Aufbewahrungsort:** Im Kühlschrank oder z. B. auf der Arbeitsplatte? Wenn Sie sich nicht sicher sind, ob Obst und Gemüse kühl oder bei Raumtemperatur aufbewahrt werden soll, dann orientieren Sie sich einfach am Supermarkt: Wenn dort etwas ungekühlt gelagert wird, dann sollten Sie das auch tun. Auf dem Wochenmarkt können Sie auch den Händler nach der richtigen Lagerung fragen.

2. **Obst lagern:** Wenn Sie Obst im Kühlschrank lagern, gehört es ins Gemüsefach. Obst, das Ethylen produziert (wie Äpfel, Cantaloupe, Honigmelonen, Tomaten und Bananen) sollte getrennt von anderem Obst und Gemüse aufbewahrt werden. Auf der Arbeitsplatte sollte Obst in großen Körben oder Schalen aufbewahrt werden, ohne Abdeckung und ohne direkte Sonneneinstrahlung oder Hitzeeinwirkung.

3. **Gemüse lagern:** Wenn Sie schon Obst im Kühlschrank haben, legen Sie Gemüse in das zweite Gemüsefach. Bei modernen Kühlschränken mit Feuchtigkeitsregulierung kann man die Gemüsefächer getrennt auf Obst oder Gemüse einstellen. Gemüse wie Zwiebeln, Radieschen, Karotten, Brokkoli, Blumenkohl, Grünes Blattgemüse wird am besten ungewaschen und in BPA-freien Behältern aufbewahrt. Bei Kräutern werden die Stiele etwas abgeschnitten und der Rest als Bund in ein Glas Wasser gestellt und eine Plastiktüte vorsichtig darübergestülpt.

4. **Nicht sofort waschen:** Waschen Sie Obst und Gemüse nicht, bevor Sie es im Kühlschrank lagern. Waschen erhöht den Wassergehalt, und Obst und Gemüse verdirbt schneller.

5. **Verderben verhindern:** Wenn Obst und Gemüse, das normalerweise bei Raumtemperatur gelagert wird, beginnt braun oder weicher zu werden, legen Sie es in den Kühlschrank oder Gefrierschrank! Die niedrigeren Temperaturen verlangsamen den Reifeprozess. Man kann es auch sofort entsaften oder in einem Smoothie verwenden, sodass man die Früchte nicht entsorgen muss.

Obst und Gemüse waschen

Ungewaschenes Obst und Gemüse kann mit Bakterien kontaminiert sein, daher ist gründliches Waschen vor dem Verarbeiten sehr wichtig. Sowohl das National Health Institute in Großbritannien als auch die Food and Drug Administration (FDA) in den USA empfehlen, Obst und Gemüse vor dem Entsaften oder dem Verzehr gründlich in kaltem, gefiltertem Wasser zu waschen. Gereinigtes Wasser enthält nicht die Schadstoffe, die oft in Leitungswasser vorhanden sind.

Einige allgemeine Tipps zum Schrubben: Bei Kohl oder anderen Mitgliedern der Kohlfamilie wie Rosenkohl sollten stets die äußeren Blätter entfernt werden, da sie in der Regel die meisten Schadstoffe enthalten. Blattgemüse sollte unter laufendem Wasser kalt abgespült werden und dann in eine mit Wasser gefüllte Schüssel gelegt werden, sodass es wirklich sauber wird. Beeren und anderes empfindliches Obst zum Abspülen in einen Durchschlag geben. Äpfel, Birnen und andere harte Früchte können unter laufendem Wasser geschrubbt werden. Und vergessen Sie nicht Erzeugnisse mit harter Schale wie Ananas, Wassermelone, Mango und Zitrusfrüchte! Auch diese müssen gewaschen werden, da sonst die Schadstoffe von der Schale beim Schneiden auf das essbare Innere übertragen werden könnten. Wurzelgemüse mit dickerer

Schale wie Kartoffeln und Rote Bete können gut mit einer Gemüsebürste geschrubbt werden, um mögliche Bakterien zu entfernen.

Wenn Sie aufgrund einer möglichen Pestizid- oder Bakterienkomtamination besorgt sind, empfiehlt sich die folgende Waschlösung, die wie ein natürliches Desinfektionsmittel wirkt.

- 250 ml Wasser
- 250 ml weißer Essig
- 1 TL Backpulver
- ½ Zitrone

1. Alle Zutaten in eine große Schüssel geben und vermengen und auf eine heftige chemische Reaktion zwischen dem Essig und dem Backpulver warten. Wenn die Reaktion abgeschlossen ist, die Lösung in eine Sprühflasche geben.
2. Obst und Gemüse einsprühen (bei festen Produkten kann auch eine Gemüsebürste verwendet werden) und gut nachspülen.

Bio-Qualität, lokale Erzeugnisse oder konventioneller Anbau?

Die Antwort ist ganz einfach: Bio-Qualität aus der Region! Aber es ist mitten im Winter, es werden keine Erzeugnisse in Bio-Qualität angeboten oder sie sind zu teuer? Ich bevorzuge Produkte aus lokalem Anbau, wann immer möglich. Lokale, saisonale Erzeugnisse schmecken am allerbesten, und das Einkaufen auf dem Wochenmarkt unterstützt meine Region. Oft lernt man den Erzeuger selbst kennen.

Die Zertifizierung für Bio-Qualität kann teuer und zeitaufwendig sein, daher lassen sich einige Anbauer nicht zertifizieren, obwohl sie keine Pestizide verwenden. Am einfachsten findet man dies durch Fragen heraus! Lernen Sie Ihre Anbauer der Region kennen; wenn Sie direkt bei ihnen kaufen, können Sie sich genau nach den Anbaumethoden erkundigen.

Wenn keine Produkte aus der Region angeboten werden, dann wählen Sie Obst und Gemüse in Bio-Qualität. Aber falls dies Ihr Budget übersteigt, vergessen Sie es. Die Mikronährstoffe in Obst und Gemüse stecken voller krankheitsabwehrender Stoffe. Ich esse am liebsten Obst und Gemüse. Und bevor ich gar keines esse, nehme ich lieber Erzeugnisse aus konventionellem Anbau.

Sich vollständig in Bio-Qualität zu ernähren ist teuer. Wer das Geld nicht ausgeben kann oder will, sollte sorgfältig auswählen.

Eine Übersicht über die »Dirty Dozen« (12 der »dreckigsten« mit Schadstoffen belastete Obst- und Gemüsesorten, Anm. d. Übs.) findet sich bei der EWG (Environmental Working Group unter https://www.ewg.org/foodnews/dirty_dozen_list.php).

Eine Erweiterung der Liste finden Sie im Folgenden (Dirty Dozen Plus). Diese Obst- und Gemüsearten sollten möglichst in Bio-Qualität gekauft werden. Und denken Sie stets daran: Wenn Sie Erzeugnisse aus herkömmlichem Anbau wählen, sollten diese vor dem Entsaften oder Kochen gut gewaschen werden.

Dirty Dozen plus

- Apfel
- Blattkohl
- Erdbeeren
- Grünkohl
- Gurken
- Kartoffeln
- Kirschtomaten
- Nektarinen (importiert)
- Paprikaschoten
- Pfirsiche
- Scharfe Chilischoten
- Spinat
- Staudensellerie
- Weintrauben

Clean Fifteen

- Ananas
- Aubergine
- Avocado
- Cantaloupe
- Erbsen (gefroren)
- Grapefruit
- Kiwi
- Kohl
- Mais
- Mangos
- Papayas
- Pilze
- Spargel
- Süßkartoffeln
- Zwiebeln

Kokosöl

Sie werden bemerken, dass wir in den meisten Rezepten, die Garen erfordern, Kokosöl verwenden. Warum? Kokosöl unterscheidet sich grundlegend von herkömmlichen Kochölen wie Rapsöl und anderen pflanzlichen Ölen, da es zu 90 % aus gesättigten Fettsäuren besteht. Aus diesem Grund war es lange Zeit in Verruf geraten, aber neue Studien sprechen dagegen.

Kokosöl enthält kein Cholesterin, sondern nur mittelkettige Triglyceride oder die sogenannten »guten Fette«, und ist reich an Laurinsäure. Der hohe Gehalt an Fettsäuren schützt dieses Öl vor dem Oxidieren bei hohen Temperaturen, sodass es ideal zum Kochen bei hohen Temperaturen ist. Wenn Öle auf Temperaturen über ihrem Rauchpunkt erhitzt werden, wie Oliven- oder Leinsamenöl, dann werden sie ranzig, d. h. die chemischen Strukturen ändern sich und es bildet sich blauer Rauch. Olivenöl ist am besten zur Verwendung in Salaten geeignet, sodass es nicht erhitzt werden muss und man den gesundheitlichen Nutzen voll ausnutzen kann.

Wenn Sie den Geschmack von Kokosöl nicht mögen, dann gibt es andere hochwertige Öle zum Kochen wie Avocado- und Macadamiaöl. Avocadoöl ist reich an einfach ungesättigten Fettsäuren und Vitamin E und fördert die Aufnahme von Carotenoiden (Antioxidantien) und anderen Nährstoffen. Es besitzt von Natur aus einen ungewöhnlich hohen Rauchpunkt, weshalb es ideal zum Kochen bei mittleren und hohen Temperaturen ist. Macadamiaöl zählt auch zu den hitzestabileren Ölen wie Avocadoöl, besteht zu einem Großteil aus einfach ungesättigten Fetten, weshalb es entzündungshemmend wirkt und gesund für das Herz ist. Es ist ideal zum Kochen bei mittleren und hohen Temperaturen oder roh im Salat oder in Säften.

Kokosöl muss nicht kühl gelagert werden. Es kann bei Raumtemperatur gelagert werden. In kühlen Räumen ist es fest und an wärmeren Tagen flüssig. Wenn es hart geworden ist, kann es in der Mikrowelle oder in heißem Wasser flüssig gemacht werden. Es eignet sich gut zum Sautieren oder als Ölersatz in fast jedem Rezept. Auch ideal bei der Popcornherstellung oder als Butterersatz – z. B. in Schokoladentröpfchen-Keksen. Hört sich ungewöhnlich an, schmeckt aber hervorragend.

Sie können Kokosöl auch in Säften oder Smoothies verwenden. Wenn Sie einen Reboot planen, der länger als 15 Tage dauert, dann empfehlen wir die Zugabe von 1 Teelöffel Kokosöl in einen Saft am Tag, um die Versorgung mit hochwertigen Fetten sicherzustellen.

Für einen Reboot geeignete Gemüsearten

Eichelkürbis

Aussehen: Ein Kürbis in Form einer Eichel mit grünen und orangefarbenen Flecken; sollte sich fest anfühlen und keine weichen Stellen haben.
Vorbereiten: Der Länge nach halbieren, dabei am Stiel beginnen und die Kerne und Fäden im Inneren mit einem Löffel herausnehmen.
Zubereiten: *Im Ofen:*. Den Ofen auf 180 °C/Gas Stufe 4 vorheizen. Beide Kürbishälften mit der Schnittfläche nach oben in eine feuerfeste Form geben und ca. 2,5 cm Wasser zugeben. Mit Kokosöl beträufeln und Meersalz bestreuen und ca. 1 Stunde garen.
Hinweis: Die Schale des Eichelkürbis ist essbar; wenn er ganz gar ist, hat sie die Konsistenz der Schale von Ofenkartoffeln. Dazu passen gut etwas Ahornsirup und Zimt, wenn Sie Appetit auf etwas Süßes haben.

Artischocke

Aussehen: Sieht aus wie eine geschlossene, große Knospe; sollte weder braune Stellen noch Druckstellen aufweisen.
Vorbereiten: Mit einer Küchenschere die lederartigen Außenblätter und den Stiel abschneiden.
Zubereiten: *Auf dem Herd:* Etwas Kokosöl in einer großen Pfanne erhitzen; Artischocken zugeben und ca. 1 Minute garen. 500 ml Wasser (oder Gemüsebrühe) sowie 1 Teelöffel getrockneten Rosmarin zugeben. Aufkochen; mit Deckel bei geringer Hitze ca. 15 Minuten köcheln lassen. *Auf dem Grill:* Die Artischocken der Länge nach halbieren und das sogenannte Heu entfernen. In 1 Esslöffel Kokosöl und ½ Teelöffel Meersalz wenden. Grill vorheizen und die Artischocken bei mittlerer Hitze direkt auf den Grill legen; 8–10 Minuten garen, dabei ein- bis zweimal umdrehen, bis sie weich sind. *Dämpfen:* Artischocken in einen großen Topf geben, den Boden mit ca. 5 cm Wasser bedecken und auf hoher Stufe garen. Zugedeckt ca. 15 Minuten dämpfen.
Tipp: Tiefgekühlte Artischockenherzen sparen Zeit, wenn es einmal schnell gehen muss.

Rucola (Rauke)

Aussehen: Eine Salatart mit welligen Blättern; Rauke sollte knackig sein, eine dunkle Farbe haben und weder welk noch gelb aussehen.

Vorbereiten: Rucola ist oft sehr sandig und muss daher gründlich gewaschen werden. Einfach eine große Schüssel mit kaltem Wasser füllen und die Rauke darin schwenken, sodass sich der Sand löst und zum Boden sinkt.
Roh: Rucola ist lecker in Salaten oder als Salatersatz in Wraps. Sie besitzt einen leicht pfeffrigen Geschmack und ist manchmal scharf.
Zubereiten: Man kann die Blätter auch in warmen Salaten verwenden oder zu Pastagerichten, wenn man mehr Farbe und Nährstoffe möchte. Rucola gart sehr schnell und sollte daher nur einige Minuten mitgaren.

Spargel

Aussehen: Grüne Stangen; man kann erkennen, wie frisch Spargel ist, wenn man ihn biegt – wenn er frisch ist, quietscht er.
Vorbereiten: Spargelenden abschneiden und abspülen.
Zubereiten: *Im Ofen:* Den Ofen auf 200 °C/Gas Stufe 6 vorheizen und die Spargelstangen gleichmäßig in einer Schicht auf einem Backblech auslegen. Meersalz und Kokosöl darübergeben und ca. 10 Minuten garen; nach halber Garzeit umdrehen. *Dämpfen:* Spargel kann schnell in einem Dampfgarer mit 5 cm Wasser gedämpft werden. Zugedeckt ca. 5 Minuten dämpfen, die Stangen sollten knackig und hellgrün sein, nicht matschig, sondern nur ein bisschen weicher. Mit Meersalz, Pfeffer und Olivenöl würzen. *Auf dem Grill:* Die Spargelstangen auf ein eingeöltes Grillrost legen und bei mittlerer Hitze ca. 5 Minuten garen, dabei gelegentlich umdrehen.

Avocado

Aussehen: Die dicke Schale ist dunkelbraun bis schwarz; die Frucht sollte beim Drücken leicht nachgeben.
Vorbereiten: Abspülen und der Länge nach halbieren. Messer beiseitelegen und die Avocadohälften in den Händen mit einer leicht drehenden Bewegung trennen. Den großen Stein mit einem Löffel herausnehmen oder, wenn Sie nur eine Hälfte verzehren, in der Frucht belassen, dies schützt die Frucht vor dem Braunwerden.
Roh: Als Brotaufstrich oder in Scheiben auf Veggie-Burgern oder Sandwiches verwenden oder in einen Salat geben.

Rote oder Orange Bete

Aussehen: Die etwas raue Schale ist oft leicht schmutzig und schützt das tiefrote oder leuchtend orange Fleisch.
Vorbereiten: Waschen und schälen.

Roh: Bete eignen sich zum rohen Verzehr (besonders in geraspelter Form in Salaten); die äußere Haut lässt sich gut mit einem Gemüseschäler entfernen.
Zubereiten: Wenn Sie gerne gekochte Rote Bete essen: einfach (mit Schale) abspülen, etwas Kokosöl und Meersalz auf die Außenseite geben, in Alufolie einwickeln und im Ofen bei 200 °C 45–60 Minuten backen. Wenn die Bete gar ist, lässt sich die Schale ganz einfach entfernen und man kann sie in mundgerechte Stücke oder Scheiben schneiden. Feine Scheibchen kann man gut auf einen Salat geben.

Paprika

Aussehen: Grün, orange, rote oder gelbe Paprika in Glockenform; Paprika sollten fest sein und eine glänzende Schale besitzen.
Vorbereiten: Abspülen und in Scheiben schneiden. Die Paprikaschote mit dem Stiel nach oben halten, vierteln und die weiße Innenhaut und Samen entfernen.
Roh: Paprika schmecken gut im Salat, einfach in Ringe, Streifen oder Würfel schneiden.
Zubereiten: Paprika schmecken gut in vegetarischem Chili oder in Tomatensauce. *Auf dem Grill:* Paprika grillen, bis sie beginnen schwarz zu werden, die verbrannte Schale abziehen und die Paprika ohne alles oder mit frischem Knoblauch und Olivenöl genießen.

Pak Choi

Aussehen: Weiße Stiele und grüne Blätter; achten Sie auf welke oder gelbliche Blätter.
Vorbereiten: Das harte Unterteil abschneiden, damit man die Blätter einzeln abwaschen und den Schmutz entfernen kann.
Roh: Die Stiele können klein geschnitten in asiatischen Salaten zusammen mit frischen Minzeblättern und Limettensaft verwendet werden.
Zubereiten: Dieses Gemüse schmeckt gut im Stirfry oder als Beilage – einfach klein schneiden und anderen Gerichten zugeben. *Kochen:* Den Pak Choi in ausreichend Wasser ca. 2 Minuten lang garen. Aus dem Wasser nehmen, etwas Sesamöl, Reisessig und Sojasauce darübergeben.

Brokkoli

Aussehen: Wie ein kleiner grüner Baum; suchen Sie sich einen mit möglichst kurzem Stiel aus; Brokkoli sollte sich fest und frisch anfühlen.
Vorbereiten: Abspülen und die Röschen abschneiden. Die Stiele halbieren und in kleine Halbmonde schneiden.

Roh: Röschen klein schneiden und in Salate geben oder zu Hummus und anderen Dips essen.
Zubereiten: Auch lecker in Stirfrys und Suppen. *Dämpfen:* Die Stiele in den Korb eines Dampfgarers legen und den Boden mit 5 cm Wasser bedecken. Aufkochen und zugedeckt 2–3 Minuten dämpfen. Röschen zugeben und zugedeckt weitere 5 Minuten garen. Frisch gepressten Zitronensaft, Olivenöl und Meersalz darübergeben. *Im Ofen:* Den Ofen auf 200 °C/Gas Stufe 6 vorheizen. Den Brokkoli auf einem Backblech ausbreiten und Kokosöl und Meersalz darübergeben. Circa 10 Minuten garen und nach der Hälfte der Zeit umdrehen.

Rosenkohl

Aussehen: Wie kleine Kohlköpfe; frischer Rosenkohl hat keine gelben oder welken Blätter.
Vorbereiten: Abspülen, äußere Blätter entfernen und den Stielansatz abschneiden.
Zubereiten: *Dämpfen:* Rosenkohl in den Korb eines Dampfgarers geben und den Boden mit 5 cm Wasser bedecken, aufkochen und zugedeckt 5–7 Minuten dämpfen. *Im Ofen:* Den Ofen auf 200 °C/Gas Stufe 6 vorheizen. Die einzelnen Rosenkohlknospen halbieren, auf einem Backblech in einer Lage ausbreiten und Kokosöl und Meersalz darübergeben. Circa 20 Minuten rösten und nach der Hälfte der Zeit umdrehen.

Butternusskürbis

Aussehen: Ein länglicher Kürbis mit helloranger Schale.
Vorbereiten: Abspülen, der Länge nach aufschneiden und die Samen und Fäden entfernen.
Zubereiten: *Dämpfen:* Den Ofen auf 180 °C/Gas Stufe 4 vorheizen. Den Kürbis mit der Schnittfläche nach unten in eine feuerfeste Form geben. 125 ml Wasser zugeben und mit Alufolie abdecken. Eine Stunde im Ofen backen. Aus dem Ofen nehmen und abkühlen lassen. Das Fleisch mit einem Löffel herausnehmen und mit Kokosöl und Meersalz vermengen. *Im Ofen:* Butternusskürbis in Halbmonde schneiden oder würfeln. Mit Kokosöl, Honig und Zimt vermengen und bei 200 °C/Gas Stufe 6 ca. 40 Minuten garen.
Tipp: Butternusskürbis wird im Herbst in vielen Supermärkten bereits in Scheiben geschnitten oder als Mus in Konserven angeboten.

Kohl

Aussehen: Kompakter, runder Kohlkopf, kann weiß oder rot sein; die äußeren Blätter dürfen nicht verfärbt oder welk sein.
Vorbereiten: Die äußeren Blätter entfernen und abspülen. Kohlkopf halbieren und den Strunk entfernen.
Roh: In feine Scheiben schneiden, mit einem Messer klein schneiden oder in einer Küchenmaschine verarbeiten. Grundzutat für einen gesunden Krautsalat mit einem Dressing aus Senf und frischem Orangensaft und ohne Mayonnaise.
Zubereiten: Lecker in Stirfrys, Suppen und Eintöpfen. *Dämpfen/Kochen:* Den Boden einer großen Pfanne mit ca. 2,5 cm Wasser bedecken, aufkochen und die Kohlkeile und Salz hineingeben. Zugedeckt ca. 8–10 Minuten köcheln lassen. Über den gekochten Kohl Meersalz, Pfeffer und etwas Olivenöl geben.

Karotte

Aussehen: Feste, orangefarbene Speere, am besten mit Blättern.
Vorbereiten: Das Grün abschneiden; schälen und gründlich abspülen.
Roh: In mundgerechte Stücke schneiden und zu Hummus und anderen Dips essen. Karotten können auch zu einem Karotten-Ingwer-Salatdressing verarbeitet werden.
Zubereiten: Karotten sind ziemlich vielseitig und sie stellen eine hervorragende Grundlage für viele Suppen, Eintöpfe und Saucen dar. *Im Ofen:* Den Ofen auf 200 °C/Gas Stufe 6 vorheizen. Die Karotten der Länge nach halbieren und in Halbmonde schneiden. Gleichmäßig auf einem Backblech verteilen und Kokosöl darübergeben. Ca. 15 Minuten rösten. *Auf dem Herd:* Die Karotten in Halbmonde schneiden, in einer Pfanne mit etwas Kokosöl bei mittlerer Hitze ca. 5 Minuten anbraten. Mit Meersalz und frischer Petersilie würzen. *Dämpfen:* Die Karotten in kleinere Stücke schneiden und in einen großen Korb eines Dampfgarers geben und den Boden mit 2,5 cm Wasser bedecken. Aufkochen und zugedeckt 5 Minuten dämpfen.

Blumenkohl

Aussehen: Der Kopf besteht aus vielen kleinen »Bäumchen«, deren weiße Kronen aussehen wie kleine Rosen; der Kopf sollte möglichst wenig Stiel enthalten und weder gelb noch welk sein.
Vorbereiten: Abspülen und die Röschen abschneiden. Oft ist es am einfachsten, den Kopf erst zu halbieren und dann klein zu schneiden.
Roh: Blumenkohl schmeckt gut zu Hummus und anderen Gemüsedips.

Zubereiten: Auch lecker in Stirfrys und Suppen. *Dämpfen:* Blumenkohlstiele in den Korb eines Dampfgarers legen und den Boden mit 5 cm Wasser bedecken. Aufkochen und zugedeckt 2–3 Minuten dämpfen. Die Röschen zugeben und weitere 5 Minuten dämpfen. Frisch gepressten Zitronensaft, Olivenöl und Meersalz darübergeben. *Im Ofen:* Den Ofen auf 200 °C/Gas Stufe 6 vorheizen. Die Röschen auf einem Backblech ausbreiten und Kokosöl und Meersalz darübergeben. Circa 15 Minuten garen und nach der Hälfte der Zeit umdrehen.

Sellerie(-knolle)

Aussehen: Ein weißliches Wurzelgemüse mit ungewöhnlichem Aussehen.
Vorbereiten: Abspülen und mit einem Messer Ober- und Unterteil entfernen. Die Schale mit einem Messer entfernen.
Roh: Raspeln oder in feine Streifen schneiden und in Salate geben.
Zubereiten: *Im Ofen:* Stellen Sie Ihre eigenen Sellerie-Chips her. Vierteln Sie die Sellerieknolle und schneiden Sie jedes Viertel in möglichst dünne Scheiben. Scheiben in Kokosöl wenden, mit Meersalz bestreuen und so auf einem Backblech verteilen, dass keine Scheiben übereinander liegen (eventuell auf zwei Backbleche verteilen). Die Chips 15–20 Minuten bei 180 °C/Gas Stufe 4 goldbraun backen. *Auf dem Herd:* Sellerie, Kartoffeln, Lauch und Gemüsebrühe ergeben eine schmackhafte Suppe. Suppe 30 Minuten auf dem Herd köcheln lassen und dann mit einem Pürierstab pürieren. Suppe mit etwas Olivenöl beträufeln und Frühlingszwiebelringe darüberstreuen.

Staudensellerie

Aussehen: Lange, grüne Stangen, die knackig sein und frische Blätter haben sollten.
Vorbereiten: Abspülen und den unteren Teil abschneiden.
Roh: In mundgerechte Stücke schneiden und zu Hummus und anderen Dips essen. Stangen in feine Scheiben schneiden und zu Salaten geben.
Zubereiten: Klein schneiden und in Stirfrys, Suppen oder Eintöpfen verwenden. *Auf dem Herd:* Staudensellerie kann in feine Scheiben geschnitten in Gemüsebrühe 10–15 Minuten gegart werden.

Tipp: Auch die Blätter des Staudenselleries sind essbar und können in Suppen und Eintöpfen verwendet werden.

Mangold

Aussehen: Lange Stiele mit grünen Spitzen; die Stiele können verschiedene Farben haben und weiß, rot oder gelb sein.
Vorbereiten: Den unteren Teil der Pflanze abschneiden, die Stiele trennen und einzeln waschen. Die einzelnen Blätter können auch in eine Schüssel mit kaltem Wasser gelegt werden, sodass sich der Sand und Schmutz löst und zu Boden sinkt.
Roh: Die Blätter zigarrenförmig aufrollen und in feine Scheiben schneiden. Mit Zitronensaft und Olivenöl anmachen und als Salat verzehren.
Zubereiten: Mangold besitzt einen milden Geschmack und passt gut zu Stirfrys und Pastagerichten. *Auf dem Herd:* Stiele und Blätter klein schneiden und die Stiele zusammen mit etwas Kokosöl oder Wasser in eine Pfanne geben. 3–5 Minuten garen, die Blätter zugeben und weitere 5 Minuten garen. Olivenöl, Zitronensaft und Meersalz darübergeben.

Blattkohl

Aussehen: Kurze dicke Stängel und große, breite grüne Blätter – Blätter sollten nicht gelblich sein.
Vorbereiten: Die Blätter in eine Schüssel mit Wasser geben und darin waschen oder sie gründlich unter fließendem Wasser abspülen.
Roh: Blattkohl ist ein guter Brotersatz. Den harten Stielansatz entfernen und das Blatt als Tortilla oder Wrap verwenden. Wenn die Blätter einige Minuten gedünstet werden, werden sie weich und verlieren den leichten Grasgeschmack.
Zubereiten: Zum Kleinschneiden fünf Blätter aufeinanderlegen und zigarrenförmig aufrollen. Dann in feine Streifen schneiden. *Auf dem Herd:* Die feinen Streifen ca. 10 Minuten bei mittlerer Hitze mit etwas Gemüsebrühe, Knoblauch und Zwiebeln dünsten. Warm als Beilage servieren.

Mais

Aussehen: Kolben in hellgrünen Blättern; jeder Kolben sollte sich fest anfühlen; Maiskörner können weiß, gelb, blau, rot oder mehrfarbig sein.
Vorbereiten: Die Außenblätter entfernen und den Maiskolben abspülen.
Roh: Maiskörner vom Kolben entfernen und in Salate geben oder direkt vom Kolben essen.
Zubereiten: Mais schmeckt lecker gegrillt oder gekocht. *Grill:* Die Außenblätter zurückziehen, ohne sie jedoch komplett zu entfernen. Die Maiskolben

20 Minuten in Wasser einweichen. Die Maiskolben in den Blättern bei starker Hitze auf den Grill legen und ca. 5 Minuten grillen, dabei gelegentlich umdrehen. *Dämpfen:* Die Außenblätter entfernen und die Kolben halbieren. Den Boden eines großen Topfes mit 5 cm Wasser bedecken, die Maiskolbenhälften hineingeben und zugedeckt 4–5 Minuten dämpfen.

Gurke

Aussehen: Lang, grün und rund; die Länge kann variieren, aber alle sollten sich bei leichtem Druck fest anfühlen.

Vorbereiten: Abspülen und abtrocknen. Gurken werden am besten geschält; wenn Sie welche in Bio-Qualität verwenden, kann die Schale mitgegessen werden, da sie gesund ist.

Roh: In Scheiben, Würfeln oder Stücken in Salate geben oder einfach als Scheiben mit etwas Limettensaft und Paprikapulver genießen.

Löwenzahn

Aussehen: Wie Rucola (Rauke), aber mit längeren und spitzeren Blättern.

Vorbereiten: Löwenzahnblätter in eine große Schüssel mit kaltem Wasser geben und darin bewegen, sodass Sand und Schmutz entfernt werden. Wurzeln und Stiele abschneiden.

Roh: Löwenzahn schmeckt im oder als Salat, besitzt allerdings einen bitteren Geschmack. Wenn man noch nicht an dem Geschmack gewöhnt ist, sollte man ihn garen. Kann gut in ein Pesto aus Basilikum, Zitrone, Olivenöl und Kürbissamen gegeben werden.

Zubereiten: *Auf dem Herd:* Etwas Kokosöl oder Gemüsebrühe in eine Pfanne geben und die Blätter mit gehacktem Knoblauch ca. 5 Minuten garen.

Aubergine

Aussehen: Wie ein großes violettes Ei mit glatter Haut ohne Falten oder weiche Stellen.

Vorbereiten: Abspülen und klein schneiden; die Schale ist essbar, kann aber einfach abgeschält werden. In den meisten Gerichten werden Auberginen geschält verwendet. Aber da die Schale essbar ist, sollte man selbst nach seinem eigenen Geschmack entscheiden.

Zubereiten: Die Aubergine vor dem Kochen klein schneiden, in einen Durchschlag geben, großzügig mit Meersalz bestreuen und 5–10 Minuten stehen lassen. Vor dem Kochen das Meersalz mit Wasser abspülen. *Auf dem Herd:* Aubergine würfeln und in einer warmen Pfanne mit etwas Kokosöl und frischer Petersilie ca. 5 Minuten garen. *Im Ofen:* Den Ofen auf 200 °C/Gas Stufe 6 vorheizen. Die Auberginenscheiben mit Kokosöl bepinseln und in einer Lage auf ein Backblech legen. Circa 15 Minuten garen und nach der Hälfte der Zeit umdrehen. *Auf dem Grill:* Die Auberginenscheiben mit Kokosöl bepinseln und bei mittlerer Hitze ca. 8 Minuten grillen und nach der Hälfte der Zeit umdrehen.

Fenchel

Aussehen: Mittelgroße weiße Knollen mit grünen Stielen und federartigen Blättern.
Vorbereiten: Die Stiele und Blätter dort abschneiden, wo sie aus der Knolle herauswachsen. Die Knolle der Länge nach halbieren und das »Herz« entfernen.
Roh: In hauchdünne Scheiben schneiden und unter Salate mischen.
Zubereiten: *Auf dem Herd:* Fenchelstücke mit etwas Kokosöl oder Gemüsebrühe und getrocknetem Rosmarin und Zitronensaft in eine große Pfanne geben. Circa 15 Minuten köcheln lassen und eventuell mehr Brühe zugeben. *Im Ofen:* Den Ofen auf 200 °C/Gas Stufe 6 vorheizen. Fenchelscheiben einlagig auf einem Backblech ausbreiten. Kokosöl darübergeben und ca. 20 Minuten backen.

Grüne Bohnen

Aussehen: Dünne, feste, grüne »Stifte« mit kleinen Stielen.
Vorbereiten: Abspülen und die Stiele mit den Fingern abbrechen.
Zubereiten: *Dämpfen:* Bohnen in den Korb eines Dampfgarers geben und den Boden mit ca. 2,5 cm Wasser bedecken und aufkochen. Zugedeckt ca. 5 Minuten dämpfen. *Auf dem Herd:* Etwas Kokosöl oder Gemüsebrühe in eine große Pfanne geben. Bohnen hineingeben und unter gelegentlichem Rühren ca. 3 Minuten garen. Mit einem Spritzer Zitronensaft und einigen gerösteten Mandeln oder Pecannüssen warm servieren.

Jicama (Yambohne):

Aussehen: Wie eine längliche, weiße Kartoffel.
Vorbereiten: Gut schrubben, um eventuellen Schmutz zu entfernen und schälen. Die Schale der Jicama ist nicht essbar. Das Fleisch kann geraspelt, gewürfelt oder in Scheiben geschnitten werden.

Roh: Jicamascheiben schmecken hervorragend roh mit etwas Limettensaft und Paprikapulver oder geraspelt im Salat. Jicama passt auch hervorragend zu Hummus und Gemüsedips.
Zubereiten: *Auf dem Herd:* Jicamawürfel können auch gedünstet werden. Einfach etwas Kokosöl oder Gemüsebrühe in eine Pfanne geben, rote Zwiebeln und Jicamawürfel zugeben und 5–7 Minuten garen.

Grünkohl

Aussehen: Längliche, dunkelgrüne Bündel; einige Sorten besitzen eine leicht violette oder rote Färbung.
Vorbereiten: Unter fließendem Wasser gründlich abspülen. Das Blatt kann vom Stiel getrennt werden, wenn man den Stiel in einer Hand hält und das Blatt mit der anderen abzieht. Anschließend das Blatt zigarrenförmig aufrollen und in feine Streifen schneiden.
Roh: Schmeckt lecker in Salaten. Trick: Den Grünkohl vorher mit etwas Olivenöl mit der Hand »massieren«. Dadurch wird der Grünkohl geschmeidiger und etwas süßer.
Zubereiten: Grünkohl passt gut zu Stirfys, Suppen und Saucen. *Dämpfen:* Der etwas bittere Geschmack wird gemildert, wenn Grünkohl 1–2 Minuten in kochendem Wasser blanchiert und danach abgegossen wird. Mit einem Reboot-geeigneten Dressing anrichten. *Auf dem Herd:* Ein Bund Grünkohl in einen Topf mit Brühe oder Wasser geben und ca. 15 Minuten köcheln lassen. Mit Olivenöl, Zitronensaft und Meersalz anrichten.

Lauch

Aussehen: Lange, große Stangen; sollten weder Druckstellen aufweisen noch welk sein.

Vorbereiten: Die dickfleischigen dunkelgrünen Blätter oben abschneiden, sodass nur der hellgrüne und weiße Teil übrig bleibt. Sämtliche beschädigten Außenblätter entfernen. Der Länge nach halbieren und unter kaltem Wasser abspülen.
Zubereiten: Lauch kann in jedem Rezept als Ersatz für Zwiebeln verwendet werden. *Auf dem Herd:* Lauchringe in eine Pfanne mit Gemüsebrühe, Knoblauch und Rosmarin geben und ca. 10 Minuten köcheln lassen. *Auf dem Grill:* Den Lauch mit Kokosöl bepinseln und bei mittlerer Hitze ca. 5 Minuten grillen, bis er leicht gebräunt ist.

Salat

Aussehen: Große grüne Blätter; viele verschiedene Sorten, z. B. Römersalat, Blattsalat oder Eichblattsalat.
Vorbereiten: Sorgfältig unter fließendem Wasser abspülen und entweder in einem Küchentuch abtrocknen oder eine Salatschleuder verwenden.
Roh: Die Blätter des Römersalat sind fest genug, um sie als Hülle für einen Wrap mit Hummus oder einem anderen Gemüse-Dip zu verwenden. Salatblätter klein schneiden und mit einem Reboot-geeigneten Dressing anmachen.

Pilz

Aussehen: Weiß, braun oder erdfarben, mit großem oder geschlossenem Hut, mit oder ohne Stiel.
Vorbereiten: Mit einem feuchten Papiertuch eventuellen Schmutz von den Pilzen wischen; Stiele eventuell kürzen.
Zubereiten: Pilze sind ideal in vegetarischen Stirfrys, weil sie dem Gericht zusätzliche Feuchtigkeit verleihen. *Auf dem Herd:* Etwas Kokosöl in eine Pfanne geben und bei mittlerer Hitze erwärmen; Pilze und eine Prise Meersalz hineingeben. Circa 8–10 Minuten unter gelegentlichem Umrühren garen.

Zwiebel

Aussehen: Es gibt weiße, gelbe und rote Zwiebeln und oft löst sich die papierdünne Schale; Zwiebeln sollten keine weichen Stellen besitzen.
Vorbereiten: Das Stielende zuerst abschneiden. Die dünne papierartige Haut mit den Fingern entfernen; eventuell mit einem scharfen Messer eine Seite flach einschneiden, um das Pellen zu erleichtern. Die Zwiebel der Länge nach halbieren und dabei die Wurzel intakt lassen; die einzelnen Hälften erneut halbieren und dann in feine Scheiben schneiden und dabei die Wurzel entfernen.
Roh: Rote Zwiebeln sehen auf einem Salat attraktiv aus und feine Zwiebelwürfel in einem Veggie-Burger verleihen im Handumdrehen viel Aroma.
Zubereiten: Gehackte Zwiebeln stellen bei vielen Gerichten eine wichtige Grundzutat dar. *Auf dem Herd:* Etwas Kokosöl oder Gemüsebrühe in die Pfanne geben und bei mittlerer Hitze erwärmen. Zwiebeln zugeben und ca. 5 Minuten dünsten.

Pastinake

Aussehen: Wie eine Karotte, nur weiß.

Vorbereiten: Wurzel und Strunk abschneiden und gut abschrubben.

Roh: Schälen, wie eine Karotte schneiden und mit Hummus oder einem anderen Dip servieren.

Zubereiten: *Im Ofen:* Den Ofen auf 200 °C/Gas Stufe 6 vorheizen. Die Pastinake der Länge nach halbieren und in Halbmonde schneiden. Auf einem Backblech einlagig verteilen, Kokosöl darübergeben und mit Meersalz bestreuen. Ca. 15 Minuten rösten. *Auf dem Herd:* Klein geschnittene Pastinake mit etwas Kokosöl in eine Pfanne geben und bei mittlerer Hitze ca. 5 Minuten dünsten. Mit Meersalz und frischer Petersilie würzen. *Dämpfen:* Pastinake in kleinere Stücke schneiden und in den Korb eines Dampfgarers geben und 2,5 cm Wasser in den Topf geben und aufkochen. Zugedeckt ca. 5 Minuten dämpfen.

Kürbis

Aussehen: Wie ein großer oranger Ball mit Stiel. Zum Kochen sind kleinere Sorten wie Hokkaidokürbis gut geeignet.

Vorbereiten: Abspülen und halbieren, dabei am Stiel beginnen und zur Blüte schneiden. Kerne und Fäden entfernen. Kerne abspülen und für selbst gemachte Kürbiskerne backen.

Zubereiten: *Im Ofen:* Ofen auf 180 °C/Gas Stufe 4 vorheizen. Kürbishälften auf ein Backblech oder eine feuerfeste Form legen, ca. 1,5 cm Wasser dazugeben und ohne Abdeckung eine Stunde lang garen. Aus dem Ofen nehmen und abkühlen lassen. Nach dem Abkühlen das Fleisch mit einem Löffel herausnehmen und als Püree essen oder in Rezepten verwenden.

Tipp: Es wird auch Kürbis in Konserven angeboten; darauf achten, ob die Dosen Zucker oder Zusatzstoffe enthalten.

Radieschen

Aussehen: Kleine rote oder weiße Kugeln.

Vorbereiten: Waschen und Wurzel und Blätter entfernen.

Roh: Können ganz, in Scheiben oder gewürfelt zu Hummus oder anderen Dips gegessen werden. Passen auch geraspelt zu Salaten.

Zubereiten: Man kann Radieschen auch marinieren! Schnelles Rezept: 6 Radieschen vierteln, in einer Schüssel mit Meersalz vermengen und 30 Minuten stehen lassen. 3 TL Reisessig, 2 TL Honig und 1 Stück Ingwer (ca. 2,5 cm) hinzufügen und bei mittlerer Hitze unter gelegentlichem Umrühren den Honig auflösen. In eine kleine Schüssel umfüllen und mindestens 2 Stunden marinieren lassen.

Frühlingszwiebel

Aussehen: Lange grüne Stängel mit kleinen weißen Zwiebeln an einem Ende.
Vorbereiten: Gründlich abspülen und auch die Innenseiten der grünen Stängel nicht vergessen.
Roh: In kleine Ringe schneiden und über Suppen oder Salate geben.

Zubereiten: Den grünen Teil der Frühlingszwiebel in die fast fertige Suppe (Misosuppe zum Beispiel) oder Stirfrys geben – verleiht zusätzliches Aroma.

Spaghettikürbis

Aussehen: Großes, gelbes Ei mit Stiel, in der Regel ca. 30 cm lang.
Vorbereiten: Abspülen und an verschiedenen Stellen mit einer Gabel einstechen, um den Kürbis zum Backen vorzubereiten.
Zubereiten: Dieser Kürbis ist ein guter Spaghetti-Ersatz, da der gegarte Kürbis sich in feine spaghettiartige Fäden zerteilen lässt. *Im Ofen:* Den ganzen Kürbis in eine Backform geben und bei 190 °C/Gas Stufe 5 eine Stunde garen. Ca. 20 Minuten abkühlen lassen und dann halbieren. Genau wie bei anderen Kürbisarten die Kerne und Fäden im Inneren herauslöffeln. Mit einer Gabel am Außenrand beginnen und vorsichtig zur Mitte arbeiten, um »Nudeln« zu erzeugen. Mit Olivenöl und Meersalz oder mit Tomatensauce servieren.

Spinat

Aussehen: Kleine, dunkelgrüne Blätter.
Vorbereiten: Unter fließendem Wasser sehr gut abspülen oder eine große Schüssel mit kaltem Wasser füllen und die Spinatblätter darin schwenken – Erde und anderer Dreck setzt sich am Boden der Schüssel ab.
Roh: Spinatsalat ist ein Klassiker, sofern junge, frische Salatblätter verwendet werden!
Zubereiten: Spinat verleiht jedem Gericht zusätzliche Farbe. Spinat verliert stark an Volumen. Wenn Sie Spinat als Beilage servieren, dann sollten Sie daher die zwei- bis dreifache Menge wie geplant kochen. *Auf dem Herd:* Etwas Kokosöl oder Wasser in eine Pfanne geben und den Spinat hineingeben. Circa 3 Minuten garen. Olivenöl und Meersalz darübergeben.
Tipp: Wer Zeit sparen möchte, kann auch abgepackten, vorgewaschenen Spinat kaufen.

Sprossen

Aussehen: Kleine grüne Blätter mit langen Stielen.

Vorbereiten: Es werden viele verschiedene Sprossen angeboten: von Alfalfa bis Brokkoli. Gründlich waschen und zu Salaten oder in Wraps essen.

Zuckerschote

Aussehen: Frische grüne Schoten mit kleinen Erbsen und Stielen.

Vorbereiten: Waschen und die kleinen Stiele mit den Fingern abschnippen.

Roh: Lecker zu Hummus und anderen Dips.

Zubereiten: Zuckerschoten schmecken am besten in Stirfrys. *Auf dem Herd:* In einer Pfanne etwas Gemüsebrühe erwärmen, Schoten hineingeben und ca. 3 Minuten garen. Die Schoten verändern ihre Farbe zu hellgrün.

Süsskartoffel

Aussehen: Wie eine Kartoffel, sollte sich fest wie eine Kartoffel anfühlen.

Vorbereiten: Erde abspülen. Können geschält werden; aber dann verzichtet man auf den Großteil der Nähr- und Ballaststoffe.

Zubereiten: *Im Ofen:* Stellen Sie Ihre eigenen Pommes Frites aus Süßkartoffeln her! Ofen auf 230 °C/Gas Stufe 8 vorheizen. Süßkartoffel in Pommes schneiden, in eine große Schüssel geben, mit Kokosöl, Meersalz und Chilipulver vermengen und einlagig auf einem Backblech verteilen. 20–25 Minuten unter gelegentlichem Umdrehen backen. *Dämpfen:* In 2,5 cm Stücke schneiden und in den Korb eines Dampfgarers geben und den Boden mit 5 cm Wasser bedecken. Aufkochen und zugedeckt ca. 20 Minuten dämpfen. Wenn Sie Kartoffelmus möchten, einfach Mandelmilch und Olivenöl zugeben.

Tipp: Süßkartoffeln werden auch in Konserven angeboten; man sollte aber darauf achten, dass sie weder Zucker noch Konservierungsstoffe enthalten.

Tomate

Aussehen: Rot und rund; es gibt auch grüne, gelbe oder gestreifte Tomaten; als Kirschtomaten werden die kleinen Tomaten bezeichnet.

Vorbereiten: Waschen und das Oberteil mit Stiel abschneiden und in Scheiben schneiden. Aufeinanderlegen und erneut schneiden, sodass Würfel entstehen.

Roh: Tomaten passen zu Salaten, auf Gemüsebratlingen oder gewürfelt in einer Salsa.

Zubereiten: Aus frischen Tomaten kann man Tomatensauce zubereiten oder sie zu einer Gemüsesuppe wie Minestrone hinzufügen. *Im Ofen:* Versuchen Sie einmal, Tomaten langsam zu rösten – so entfalten sie ihre gesamte Süße. Ofen auf 160 °C/Gas Stufe 3 vorheizen. Tomatenscheiben einlagig auf ein Backblech geben, etwas Kokosöl und Meersalz darübergeben. Insgesamt zwei Stunden garen – ideal an einem Tag, an dem man Hausarbeit zu erledigen hat.

Steckrübe

Aussehen: Sehr feste Knolle mit roter und weißer Schale; eventuell mit Blättern.
Vorbereiten: Waschen und das Wurzelende und die Blätter entfernen. Schälen und in Scheiben schneiden.
Zubereiten: *Auf dem Herd:* Die Rübe in streichholzdicke Scheiben schneiden. Etwas Kokosöl in eine Pfanne geben und bei mittlerer Hitze erwärmen, Rübenscheiben hineingeben und unter häufigem Umrühren ca. 10 Minuten garen. *Im Ofen:* Ofen auf 240 °C/Gas Stufe 9 vorheizen und die Rübenscheiben einlagig auf einem Backblech verteilen. Mit Kokosöl bestreichen, mit Meersalz bestreuen und ca. 15 Minuten garen.

Zucchini

Aussehen: Wie Gurken mit kleinem Stiel an einer Seite; können grün oder gelb sein.
Vorbereiten: Waschen und Stiel entfernen.
Roh: Mit einem Spiralschneider rohe Zucchininudeln herstellen oder klein geschnitten oder geraspelt in Salate geben. (Ein Spiralschneider wird verwendet, um aus Gemüse lange Bänder zu schneiden; in Läden für Kochutensilien erhältlich. Wenn Sie keinen haben, können Sie die Zucchini in einer Küchenmaschine verarbeiten, eine Mandoline verwenden oder sie mit einem Messer in feine Streifen schneiden.)
Zubereiten: Dieses klassische Gemüse der italienischen Küche passt hervorragend zu Nudelgerichten. *Im Ofen:* In Scheiben schneiden und einlagig auf einem Backblech verteilen. Mit Kokosöl beträufeln, gemahlene Mandeln darübergeben und 20 Minuten garen. *Auf dem Grill:* Eine Marinade aus Zitronensaft, Kokosöl und Knoblauch bereiten und die Zucchini mindestens 20 Minuten darin ziehen lassen; anschließend bei mittlerer Hitze einige Minuten von jeder Seite grillen.

Grundlegende Kochtechniken

- **Backen:** Das Garen von Lebensmitteln im Ofen; entweder auf einem Backblech, in einer ofenfesten Glasform mit oder ohne Deckel oder einer Auflaufform aus einem anderen feuerfesten Material wie Gusseisen.
- **Dämpfen:** Hierzu wird ein elektrischer Dampfgarer oder ein Korb über einer köchelnden Flüssigkeit verwendet. Am besten wird Gemüse nur leicht angedämpft, sodass Farbe und Bissfestigkeit erhalten bleiben.
- **Grillen:** Hierbei wird das Grillgut auf einem Rost über einer Hitzequelle platziert. Diese Methode verleiht ein unverwechselbares Grillaroma. Vermeiden Sie das Anbrennen von tierischem Protein, da hierbei krebserregende Stoffe entstehen.
- **Rösten:** Ähnlich wie Backen, aber bei höheren Temperaturen. Zum Rösten von Gemüse: ein Backblech oder eine Auflaufform mit Backtrennpapier oder Alufolie auslegen, um das Abwaschen zu erleichtern.
- **Sautieren:** Schnelles Garen auf dem Herd bei sehr großer Hitze und nur sehr wenig Fett (wir empfehlen Kokosöl), um die Außenseite zu bräunen.
- **Stirfry:** Eine geringe Menge Öl in einer antihaftbeschichteten Pfanne oder einem Wok auf dem Herd erwärmen. Sobald das Öl heiß ist, wird das Gargut in kleinen Stücken (alles besitzt ungefähr die gleiche Größe) hineingegeben und mit einem Holzlöffel oder Pfannenwender schnell umgerührt. Ziel ist, das Gargut leicht zu garen und dabei die natürliche Farbe und Textur zu bewahren.
- **Überbacken:** Beim Überbacken wirkt die Hitze von oben auf das Gargut ein. Gute Alternative zum Braten, da nur wenig Fett benötigt wird und die Außenseite trotzdem knusprig braun wird.

Zubereitung von grünem Blattgemüse

Grünes Blattgemüse besitzt viele Vorteile. Es steckt voller Nährstoffe, Vitamine und Antioxidantien. Blattgemüse gart schnell und ist sehr lecker. Leider ist es bei den meisten Menschen nicht sehr beliebt. Vielleicht haben Sie es schon in der Gemüseabteilung gesehen, grün und knackig, aber sich nicht getraut es zu kaufen, da Sie nicht genau wussten, wie man es zubereiten sollte. Hier folgen ein paar einfache Tipps.

- **In einem Saft:** Einfach abspülen, in kaltem Wasser einweichen, um Sand und Schmutz zu entfernen, dann entsaften und genießen.
- **In einem Smoothie:** Frisches, klein geschnittenes Blattgemüse kann zu jedem Smoothierezept als zusätzliche Nährstoffquelle zugefügt werden.

Probieren Sie einmal Banane, Mandelmilch, gefrorene Erdbeeren und eine Handvoll Spinat oder Grünkohl als Frühstück oder Nachmittagssnack.

- **In einem Salat:** Zarte Blätter wie Spinat können genau wie Salat mit einem Dressing angemacht und mit Nüssen oder Samen bestreut werden. Mir persönlich schmeckt kräftigeres Blattgemüse wie Grünkohl am besten in kleine Stücke geschnitten und mit etwas Oliven- oder Avocadoöl geknetet, um eine geschmeidigere Textur und süßeres Aroma zu erzielen.
- **In Suppen oder Eintöpfen:** Blattgemüse einfach in Suppen oder Eintöpfe geben, um Nährstoffe und etwas Farbe hinzuzufügen, z. B. in Linsensuppe oder herzhafte Kartoffel-Lauch-Suppe.
- **In einem Stirfry:** Klein geschnittenes Blattgemüse wie Pak Choi, Grünkohl oder Weißkohl zu einem Stirfry geben und vor dem Servieren 5 Minuten mitgaren.
- **Dämpfen/Kochen:** Fast die gesamte schöne Farbe und die meisten Nährstoffe bleiben erhalten, wenn man das Blattgemüse nur kurz in einer großen Pfanne gart. So geht's: Sie brauchen ca. 500 ml Wasser pro Bund Blattgemüse. Wasser aufkochen und etwas Meersalz hineingeben. Dann das gewaschene und klein geschnittene Blattgemüse hineingeben und ca. 3–10 Minuten bei mittlerer Hitze mit Deckel garen; Garzeit hängt von der Art des Blattgemüses ab. Als Faustregel gilt: Je bitterer der Geschmack, desto länger sollte es gegart werden. Wenn Sie das Blattgemüse abgießen, kann das Kochwasser als Gemüsebrühe bzw. einfach als Getränk verwendet werden.
- **Sautieren:** Blattgemüse ist aufgrund der geringen Garzeit hervorragend auf dem Herd zu garen. Probieren Sie einmal Spinat, Grünkohl, Mangold, Kohlblätter oder Rauke in einer Pfanne mit etwas Kokosöl, Knoblauch, Zitronensaft und Meersalz zuzubereiten. Das Gemüse ist in 3–5 Minuten gar und eignet sich hervorragend als leckere Beilage. Darübergestreute Rosinen und Pinienkerne balancieren den bitteren Geschmack aus.
- **Backen/als Chips:** Grünkohl-Chips sind eine leckere Alternative zu Kartoffelchips. Grünkohl abspülen, in kleine Stücke reißen und mit Kokosöl, Meersalz und Paprikapulver vermengen. Den Grünkohl einlagig auf einem Backblech ausbreiten und ca. 15 Minuten bei 180 °C/Gas Stufe 4 backen.
- **Was soll ich mit den harten Stielen machen?** Man kann die Stiele einfach entsorgen, aber auch zu einer Omelette oder einem Stirfry geben; oder in einer Pfanne in etwas Kokosöl einige Minuten sautieren und dann einem anderen Gericht zugeben.

DREI

ERNÄHRUNG DER FAMILIE WÄHREND DES REBOOTS

ES IST EIN BISSCHEN ABSURD, dass viele Rebooter durch ihre Kinder motiviert werden, sich gesund zu ernähren, aber es sind ihre Kinder, die oft die Anstrengungen sabotieren. Wenn es nicht das Problem ist, am Abendbrottisch als Einziger ein Glas flüssigen Sonnenschein vor sich zu haben, dann ist es die Extraarbeit, ein richtiges Abendessen für den Rest der Familie zuzubereiten und einen Saft für sich selbst. Hier folgen einige der hilfreichsten Tipps, die mir von Rebootern auf der ganzen Welt mitgeteilt wurden:

1. Wenn Sie sich gemäß der Reboot-Methode ernähren, dann ernähren Sie auch Ihre Familie so. Bereiten Sie genug von Ihrem Essen vor, um die gesamte Familie daran teilhaben zu lassen und fügen Sie deren Essen etwas mageres Protein oder Vollkorn zu. Die Rezepte wurden sorgfältig ausgewählt, sodass sie jedem schmecken und niemand auf Protein oder Vollkorn verzichten muss.

2. Wenn Sie nur eine Saftkur machen, können Sie versuchen, dasselbe Obst und Gemüse für das reguläre Abendessen zu verwenden, z. B. können Sie Süßkartoffeln entsaften und für den Rest der Familie Süßkartoffel-Pommes zubereiten.

3. Oder trinken Sie nur Saft bis zum Abendessen und essen Sie dann gegartes Gemüse und Ihre Familie isst zusätzlich Getreideprodukte und Proteine.

4. Wenn Sie sich mit Ihrer Familie an den Tisch setzen, trinken Sie nur Ihren Saft, aber konzentrieren Sie sich darauf, in langsamen Schlucken zu trinken. Sie können auch Kaubewegungen machen, damit es nicht so schnell geht.

5. Lassen Sie sich von den Fruchtfleischrezepten inspirieren und verwenden Sie es als Abendessen. So erhält Ihre Familie viele zusätzliche Nährstoffe und merkt es noch nicht einmal. Karotten und Rote Bete eignen sich hervorragend für die Zubereitung von Bratlingen (siehe Seite 196)!

6. Trinken Sie einen Saft, während Sie das Abendessen zubereiten – so lenken Sie sich von all den leckeren Gerüchen ab.

7. Wenn es für Sie zu schwierig ist, Essen für Ihre Familie zuzubereiten, während Sie rebooten, dann könnten Sie Ihren Partner oder Ihre Kinder bitten, in dieser Zeit das Kochen zu übernehmen. Oder Sie lassen die Familie auswärts essen, während Sie Ihren Saft alleine trinken und die Familie isst. Das ist nicht schlimm, wenn dies der einzige Weg für Sie ist, keine feste Nahrung zu sich zu nehmen!

Wir sind alle unterschiedlich und man sollte auf seine innere Stimme hören, sodass man eine Lösung findet, die für einen funktioniert.

VIER

REBOOT BEI SCHILDDRÜSENERKRANKUNGEN

EINE FRAGE, die häufig auf dem Forum *Ask the Nutritionist* gefragt wird, ist: »Welches Obst und Gemüse sollte ich meiden, wenn ich Schilddrüsenprobleme habe?« Der Grund dafür ist, dass bekanntermaßen einige Gemüsearten die Art, wie Schilddrüsenhormone in der Schilddrüse produziert werden, beeinflussen.

Die Schilddrüse ist die schmetterlingsförmige Drüse am vorderen unteren Hals, welche die Schilddrüsenhormone produziert, die den Stoffwechsel steuern. Zu den Symptomen einer Schilddrüsenüberfunktion gehören eine verringerte Körpertemperatur, Verstopfung, Gewichtszunahme, Haarausfall, trockene Haut und Nägel, Flüssigkeitsansammlungen im Gewebe, verlangsamte Reflexe, Müdigkeit und verminderte Konzentrations- und Wahrnehmungsfähigkeit. Schilddrüsenerkrankungen können viele Ursachen haben, aber zu den häufigsten zählen ein Mangel an Nährstoffen wie Jod und Selen, Autoimmunkrankheiten, genetische Veranlagung, Stress und Umweltfaktoren. Die häufigste Schilddrüsenerkrankung ist die Schilddrüsenunterfunktion (d. h. die Schilddrüse produziert nicht genug Hormone).

Wer Schilddrüsenprobleme hat, sollte wissen, dass der Verzehr von **rohen** Gemüsesorten der Kreuzblütlerfamilie die Hormonproduktion in der Schilddrüse weiter reduzieren kann und auch das Abnehmen erschwert. Wenn Sie zu dieser Gruppe gehören, sollten Sie genau darauf achten, welches Gemüse Sie verzehren. Vermeiden Sie den Verzehr GROSSER Mengen an ROHEM Kreuzblütler-Gemüse, einschließlich Brokkoli, Blumenkohl, Rosenkohl, Pak Choi, Brokkoli, Chinakohl, Grünkohl, Kohlrabi, Radieschen, Senfkohl, Blattkohl, Choi Sum, Meerrettich und Rüben.

Das bedeutet, dass Sie an der Zusammensetzung einiger Säfte Veränderungen vornehmen müssen, z. B. am Mean Green. Statt Grünkohl können Sie Spinat oder Römersalat verwenden und mehr Gurke, Zucchini oder Staudensellerie. Gemüse der Kreuzblütlerfamilie sind gesund und unterstützen den natürlichen Entgiftungsprozess der Leber; wenn Sie eine Saftkur machen und sich nach der Reboot-Methode ernähren, sollten Sie diese Gemüsearten gegart und nicht roh verzehren. Und essen Sie sie gegart, wenn Sie den Reboot abgeschlossen haben!

Wenn Ihre Schilddrüsenfunktion normal ist und Sie angemessene Jodmengen zu sich nehmen, dann haben diese Gemüsearten keine Auswirkung auf Ihre Schilddrüse. Das heißt, wer eine gesunde Schilddrüse hat, wird durch viel Grünkohlsaft keine Schilddrüsenprobleme bekommen. Anpassungen sind nur erforderlich, wenn bereits Schilddrüsenprobleme bestehen.

Wenn Sie Schilddrüsenbeschwerden haben, halten Sie sich an die folgenden Tipps für eine pflanzenbasierte Ernährung, gleichgültig, ob Sie einen Reboot machen oder nicht:

1. **Alle Obst- und Gemüsearten** enthalten Phytonährstoffe, die ein gesundes Immunsystem unterstützen. Aufgrund der bei einer Autoimmunkrankheit auftretenden Entzündungen ist es wichtig, die Entzündung durch die Aufnahme von Antioxidantien zu reduzieren, indem man seinem Körper durch eine Regenbogen-Ernährung die wertvollen Nährstoffe zuführt.
2. Der Verzehr von **selenreichen** Nahrungsmittel wie Paranüssen, Krustentieren, Eiern, Sonnenblumenkernen und Knoblauch fördert einen guten Stoffwechsel. Der Selengehalt variiert in Abhängigkeit von der Qualität des Bodens, und einige Regionen weisen nur einen sehr geringen Gehalt auf. Selenmangel kann mithilfe eines Bluttests festgestellt werden bzw. durch eine Haar- und Nagelanalyse.
3. Für eine gesunde Schilddrüsenfunktion ist auch ein ausreichender Jodspiegel erforderlich; **Jod** ist ein Spurenelement, das der Körper für die Synthese von Schilddrüsenhormonen benötigt. Essen Sie jodhaltige Lebensmittel wie Algen, Seefisch, Ananas, Jodsalz (vermeiden Sie Salz mit Rieselhilfen), Spinat und Salat.
4. **Stress** kann ein entscheidender Faktor sein, der einen negativen Einfluss auf die Schilddrüsenhormone besitzt und die Autoimmunaktivität anregen kann. Wenden Sie Techniken zum Stressmanagement an wie Meditation, Yoga, warme Bäder, Sport, Lesen und andere entspannende Aktivitäten.
5. **Übermäßiger Kontakt mit Fluorid und Bromid** kann die Gesundheit der Schilddrüse beeinflussen. Fluorid und Bromid können statt Jod von der Schilddrüse aufgenommen werden.
6. **Vermeiden Sie Gluten, wenn Sie darauf sensibel reagieren.** Es gibt eine Reihe von Studien, die belegen, dass zwischen Autoimmunkrankheiten, insbesondere Hashimoto-Thyreoiditis, und einer Glutenunverträglichkeit bzw. Zöliakie eine Beziehung besteht. Weiterführende Informationen zur Glutenunverträglichkeit und Zöliakie finden Sie auf rebootwithjoe.com.
7. **Verzichten** Sie weitgehend auf Zucker, Koffein, industriell hergestellte Lebensmittel, Zusatzstoffe und künstliche Farbstoffe.
8. In einigen Studien erwies sich **Kokosöl** als besonders anregend für eine passive Schilddrüse.

Also, legen Sie los und bringen Sie Ihre Schilddrüse auf Trab. Mit einigen Modifikationen an Ihrem Reboot können Sie Ihre Ziele wie gesteigerte Energie, verbesserte Gesundheit und Abnehmen realisieren.

FÜNF

REBOOT BEI DIABETES

DIABETES IST EINE KRANKHEIT, bei welcher der Blutzuckerspiegel zu hoch ist. Der Körper produziert das Hormon Insulin, um Glukose/Zucker in unsere Zellen zu transportieren. Bei Diabetes-Patienten kann der Körper entweder nicht ausreichend Insulin produzieren oder das produzierte Insulin kann nicht mehr richtig wirken, weil die Körperzellen die Fähigkeit verloren haben, Insulin aufzunehmen (Insulinresistenz), sodass der Blutzuckerspiegel auf einem hohen Niveau bleibt.
Adipositas, Diabetes, Insulinresistenz und Prädiabetes gehen Hand in Hand. Laut den US Centers for Disease Control and Prevention leiden 30,3 Mio. Menschen bzw. 9,4 % der amerikanischen Bevölkerung an Diabetes. Sieben Millionen dieser Menschen haben noch keine Diagnose, was bedeutet, dass sie nicht einmal wissen, dass sie diese Krankheit haben. Knapp 34 % aller US-amerikanischen Erwachsenen über 18 Jahre und fast 50 % aller Menschen über 65 Jahren leiden an Prädiabetes.[6] Im Jahr 2014 schätzte das australische Institute of Health and Welfare, dass 1,2 Mio. Australier an Prädiabetes leiden und mehr als die Hälfte der erwachsenen Bevölkerung hatte Übergewicht, was ein erhöhtes Diabetesrisiko bedeutet.[7] Deutschland liegt mit 6,5 Mio. Menschen, die an Diabetes leiden, an zweiter Stelle im europäischen Vergleich. Darunter sind etwa zwei Millionen, die noch nichts von ihrer Erkrankung wissen.[8]

Die Auswirkungen von Diabetes sind furchterregend. Diabetes gilt als Hauptverursacher von Herzkrankheiten, Schlaganfall sowie Nierenversagen, Hauptgrund für die Amputation unterer Gliedmaßen (nicht verletzungsbedingt) und Blindheit und steht auf Platz sieben der Todesursachen. Für Diabetespatienten ist das Risiko, an Depressionen zu erkranken, doppelt so hoch, und Depressionen allein können das Risiko für Diabetes vom Typ 2 um 60 % erhöhen. Diabetes kann Probleme in der Schwangerschaft verursachen, das Risiko für Infektionen erhöhen, Genesungszeiten verlängern, das Risiko für Zahnerkrankungen steigern sowie den Blutdruck und Cholesterinspiegel erhöhen. Erhöhte Insulinspiegel im Blut oder eine Insulinresistenz sind mit einem erhöhten Risiko für bestimmte Krebsarten assoziiert und einem erhöhten Rezidivrisiko bei Überlebenden.

Die gute Nachricht ist, dass bis zu 93 % der Diabetesfälle durch einen gesunden Lebensstil hätten verhindert werden können. Und viele Rebooter mit Diabetes haben erfolgreich an einer reinen Saftkur und Saft-plus-feste-Nahrung-Kur teilgenommen, ihre Ernährung umgestellt und konnten in manchen Fällen sogar die Medikamentendosis verringern oder die Medikamente komplett absetzen.

Wenn Sie an Diabetes leiden, dann ist es wichtig, den Reboot-Plan individuell anzupassen, um bestimmte Dinge zu berücksichtigen, und vor dem Reboot sollte auf jeden Fall ein Arzt konsultiert werden. Menschen mit Diabetes Typ 1 oder alle, die Insulin oder Diabetesmedikamente einnehmen, müssen mit ihrem Arzt besprechen, ob und wie die derzeitige Medikation im Verlauf des Reboots angepasst werden muss. (Weitere Informationen zu diesem Gespräch mit Ihrem Arzt finden Sie unter: Für Ihren Arzt, Seite 205.)
Wenn Sie an Diabetes leiden, sollten Sie Ihren Reboot anpassen.

- Wir empfehlen den 10-Tage-Reboot-Plan oder die ersten 5 Tage des 15-Tage-Klassischer Reboots, bei denen gegessen und entsaftet wird. Die zusätzlichen Ballaststoffe des vollwertigen Obst und Gemüses halten den Blutzuckerspiegel auf einem konstanten Wert.
- Nehmen Sie auch püriertes Obst und Gemüse zu sich. Ballaststoffe aus komplexen Kohlenhydraten in Form von vollwertigen Nahrungsmitteln sind ENTSCHEIDEND. Dadurch wird der Blutzuckerspiegel auf einem bestimmten Level gehalten, und wenn Sie Ihren Smoothie oder Ihr Püree hauptsächlich aus Gemüse zubereiten, reduzieren Sie auch die Gesamtkohlenhydratmenge und nehmen viele Nährstoffe auf.
- Achten Sie auf eine ausreichende Versorgung mit Flüssigkeit und trinken Sie genügend Wasser. Flüsssigkeitsmangel führt zur Blutverdickung, was den Blutzuckerspiegel erhöhen kann.
- Bewegung – seien Sie aktiv, denn auch Bewegung sorgt für einen stabilen Blutzuckerspiegel. Krafttraining ist zwar wichtig, aber es wurde gezeigt, dass regelmäßiges kardiovaskuläres Training die größte positive Wirkung auf Diabetespatienten ausübt. Tipps zu gesunder Bewegung finden Sie unter Reboot Movement Method. Hier erfahren Sie mehr darüber: rebootwithjoe.com/fitness (auf Englisch)
- Verwenden Sie bei der Herstellung Ihrer Säfte mehr Gemüse als Obst. Achten Sie darauf, dass Sie unsere 80/20-Empfehlung einhalten – d. h. 80 % Gemüse und 20 % Obst.
- Verwenden Sie Saftrezepte, die in diesem Buch als positiv bei Diabetes markiert sind, da sie weniger Zucker und Kohlenhydrate enthalten.

Und hier folgen unsere Top 5 Tipps zum Umgang mit Diabetes egal, ob man gerade einen Reboot macht oder nicht:

1. Nehmen Sie **häufig kleinere Mahlzeiten** über den Tag verteilt ein. Dies kann helfen, den Blutzuckerspiegel stabil zu halten und das sogenannte Überessen zu verhindern, was wiederum beim Abnehmen helfen kann. (Auf sein gesundes Gewicht zu kommen und es zu halten ist für jeden mit Typ 2 Diabetes von entscheidender Wichtigkeit.)

2. **Kombinieren Sie proteinreiche Nahrungsmittel mit kohlenhydratreichen.** Protein- und ballaststoffreiche Nahrungsmittel werden langsamer verdaut als kohlenhydratreiche, sodass diese Kombination ebenso gesund ist, wie sie für einen stabilen Blutzucker sorgt. Die Kombination von Protein und Kohlenhydraten sorgt für eine langsamere Aufnahme des Zuckers aus kohlenhydratreichen Nahrungsmitteln. Gute Kombinationen sind z. B. Mandelbutter zu Apfelschnitzen oder eine Handvoll Mandeln zu einer Orange.

3. **Essen Sie eine Portion Obst oder Gemüse zu jeder Mahlzeit oder jedem Snack.** Ein vermehrter Verzehr von Obst und Gemüse sorgt für ein gesundes Gleichgewicht zwischen Nährstoffen wie Ballaststoffen, Vitaminen, Mineralstoffen und Phytonährstoffen. Der Verzehr von vollwertigem Obst und Gemüse hilft bei der Regulierung des Blutzuckerspiegels. Zum Beispiel muss man drei ganze Apfelsinen essen, um den Blutzuckerspiegel im gleichen Ausmaß zu erhöhen wie 180 ml herkömmlicher pasteurisierter Orangensaft. Bei frischen Säften direkt aus dem Entsafter empfehlen wir Säfte auf Gemüsebasis.

4. **Trinken Sie ausreichend Wasser;** Dehydrierung steigert den Blutzuckerspiegel, da das Blut verdickt wird. Hydrierung steigert die Energie, reduziert den Heißhunger auf Süßes und unterstützt den Stoffwechsel.

5. **Verwenden Sie Zimt.** Forschungsergebnisse belegen, dass Zimt bei der Regulierung des Blutzuckerspiegels hilft.
   Streuen Sie etwas Zimt über Ihr Essen, in Ihre Smoothies, in Ihren Saft und sogar in Ihr Chili!

SECHS

NACH DEM REBOOT

WENN SIE WEITGESTECKTE gesundheitliche Ziele haben, dann müssen Sie eventuell Ihre Ernährung drastisch umstellen, um diese zu erreichen, und ein Reboot eignet sich hierfür hervorragend. In meinem Fall hat mir dies das Leben gerettet. Ich habe meinen Weg beibehalten und die 30 verlorenenen Kilo nicht wieder zugenommen, aber das Allerwichtigste ist, dass ich keine Medikamente mehr einnehme.

Manchmal muss ich mich daran erinnern, dass ich 60 Tage lang nur Obst- und Gemüsesaft getrunken habe und anschließend 90 Tage lang nur Obst und Gemüse gegessen und getrunken habe. Das mag sich ziemlich extrem anhören, aber meine Ziele waren extrem, und die habe ich erreicht. Am Ende der Reise konnte ich mich im Spiegel betrachten und die Person erkennen, die mich anblickte – ich sah wieder den energiegeladenen, athletischen, gesunden Typen, der ich einmal war – und ich schaute in meinen Medizinschrank und sagte zu dessen Inhalt »Auf Wiedersehen«.

Der gesundheitliche Nutzen eines Reboots ist zwar vielfältig, aber ein Reboot stellt auf die Dauer keine gesunde Ernährungsform dar. Unser Körper braucht das richtige Gleichgewicht aus Protein, gesunden Fetten, löslichen Ballaststoffen und eine Vielfalt an pflanzlichen Nahrungsmitteln, um langfristig gut zu funktionieren. Das Schöne an einem Reboot ist, dass man auch danach Gemüse und Obst in seine Ernährung einbeziehen kann, um all die positiven Wirkungen des Reboots aufrechtzuerhalten – reine Haut, Energie, Gewichtsverlust, bessere Gesundheit – und dass man auch nach dem Reboot weiter auf dem Weg zu guter Gesundheit ist. Aber wie soll man gesunde Proteine und Fette und einen gelegentlichen Leckerbissen in die Ernährung integrieren, ohne wieder in das alte Ernährungsmuster abzugleiten?

Wenn Sie sich in einer Buchhandlung in der Abteilung Gesundheit und Ernährung umsehen, dann finden Sie Hunderte von Büchern, die versprechen, Ihnen beim Abnehmen und Gesundwerden zu helfen und obendrein noch zu einem tollen Körper verhelfen. Es kann verwirrend sein und man weiß nicht genau, woran man sich nach seinem Reboot orientieren soll. Ich möchte Ihnen eins mit auf den Weg geben: Sie müssen nicht unbedingt einem speziellen Plan folgen. Sie müssen Ihrer Ernährungsweise keinen Stempel aufdrücken und sich als Rohkostler, Veganer, Vegetarier, Pescetarier bezeichnen oder als jemand, der sich gluten-, milchfrei, makrobiotisch oder gemäß der Paleo-Diät ernährt … Ich könnte diese Liste unendlich fortsetzen.

Wenn es Ihnen jedoch hilft, sich einer Ernährungsrichtung anzuschließen, die Ihnen guttut, dann sollten Sie dies allerdings tun. Ich habe mit keiner dieser Ernährungsweisen ein Problem, noch finde ich eine besser als die andere. Sie allein entscheiden, welche Ernährungsweise für Sie die richtige ist. Für mich ist eine Ernährung am besten, die reich an Obst und Gemüse ist, einige Male pro Woche Fisch und Fleisch erlaubt und alle 7–10 Tage etwas Schokoladeneis. Ich vermeide Gluten, da ich festgestellt habe, dass ich schnell zunehme, wenn ich Brot esse und ich trinke mindestens einmal am Tag einen Saft.

Wenn Sie Ihren Reboot beendet haben, dann sollten Sie langsam Nahrungsmittel hinzunehmen, von denen Sie glauben, dass sie Ihnen guttun, um herauszufinden, ob dies stimmt. Vielleicht stellen Sie fest, dass eine pflanzliche Ernährung mit gelegentlich etwas Fleisch und Joghurt aus Milch von Tieren aus Weidehaltung am besten für Sie ist. Oder Sie finden heraus, dass es Ihnen am besten geht, wenn Sie sich vegan ernähren. Und das, was Ihnen am besten tut, das ist die beste Ernährung für Sie. Im Abschnitt Literaturhinweise auf Seite 204 habe ich auch eine Reihe von Kochbüchern aufgenommen, die sich als inspirierend und informativ für Rebooter erwiesen haben, die nach einer neuen Ernährungsweise nach dem Reboot gesucht haben.

Die Rezepte in diesem Buch sind für den Reboot gedacht, eignen sich aber auch als Teil der Ernährung nach dem Reboot. Sie sind ideal für alle, die viel Obst und Gemüse in ihre Ernährung aufnehmen möchten, und was Sie mögen, Fleisch, Fisch, Vollkorngetreide, Quinoa, Vollkornreis, kann immer dazukommen. Unter rebootwithjoe.com finden Sie weitere Rezepte.

Die verschiedenen Ernährungsweisen

Milchfrei: Menschen, die sich milchfrei ernähren, vermeiden Produkte, die Kuh-, Schafs- oder Ziegenmilch enthalten, einschließlich Milch, Käse und Joghurt. Gegen Milcheiweiß sind viele Leute allergisch. Viele andere Ernährungsweisen sind auch milchfrei.

Glutenfrei: Bei einer glutenfreien (GF) Ernährungsweise wird auf Lebensmittel verzichtet, die Gluten enthalten, ein Protein, das in Weizen (einschl. Kamut und Dinkel), Gerste, Roggen und Triticale vorkommt.

Makrobiotisch: Makrobiotisch bedeutet, dass hauptsächlich Getreide verzehrt wird sowie regional angebautes Gemüse und auf stark verarbeitete oder raffinierte Lebensmittel und die meisten tierischen Produkte verzichtet wird.

Paleo: Die Paleo-Ernährungsweise ist der Versuch, sich so wie früher zu ernähren. Wenn ein Höhlenmensch etwas nicht essen konnte, dann dürfen Sie es auch nicht. Das bedeutet, dass alles, was man jagen oder sammeln konnte, erlaubt ist, einschließlich Fleisch, Fisch, Nüsse, Blattgemüse, lokal angebautes Gemüse und Samen.

Pescetarismus: Ähnlich wie Vegetarismus, mit dem Unterschied, dass Fisch erlaubt ist.

Rohkost: Bei der Rohkost-Ernährung sind nur ungegarte und unverarbeitete Lebensmittel erlaubt. Menschen, die sich von Rohkost ernähren, essen Früchte, Gemüse, Nüsse und einige Getreidearten.

Vegane Ernährung: Veganer verzehren weder Fleisch noch Fisch und auch keine Produkte, die von Tieren stammen, wie Eier oder Milchprodukte.

Vegetarische Ernährung: Vegetarier essen kein Fleisch und keinen Fisch, aber Produkte, die von Tieren stammen.

SIEBEN

DIE REZEPTE

BITTE BEACHTEN SIE die folgenden allgemeinen Hinweise, die auf alle Rezepte zutreffen.

- Sämtliche Angaben in den Rezepten beziehen sich auf folgende Standardmaße: 1 Teelöffel = 5 ml; 1 Esslöffel = 15 ml.
- Eine Handvoll entspricht ca. 250 ml.
- Alle Eier sind mittelgroß, es sei denn, etwas anderes ist angegeben.
- Obst und Gemüse sollte vor dem Entsaften, Pürieren oder Garen gewaschen werden.
- Wenn Sie sich nicht sicher sind, wie Sie Obst und Gemüse am besten für das Entsaften vorbereiten, dann lesen Sie die Hinweise auf Seite 13.
- Bitte beachten Sie, dass die Nährwertangaben der Säfte nur Schätzwerte sind. Die tatsächlichen Kalorien und der Nährwert basieren auf der tatsächlichen Größe des verwendeten Obst und Gemüses und der Effizienz Ihres Entsafters.
- Wenn Sie Bohnen oder Tomaten in Konserven verwenden, warnen einige Regierungsbehörden (einschl. der US Food and Drug Administration) vor Konserven, deren Innenseiten mit Bisphenol-A (BPA), einer Industriechemikalie, die auf den Inhalt übergehen kann, beschichtet sind. Dasselbe gilt für Aufbewahrungsbehälter und Flaschen aus Kunststoff, die diese Chemikalie enthalten. Einige Studien zeigen einen Zusammenhang zwischen BPA und Brustkrebs, Diabetes, Hyperaktivität, Aggression und Depressionen bei Kindern.

Wichtig

Jahreszeiten	Die ideale Jahreszeit in der nördlichen Hemisphäre für eine oder mehrere Hauptzutaten des Rezepts, sodass Sie die Zutaten stets in optimalem Reifegrad zur richtigen Jahreszeit verwenden.
Farbe ~ ~ ~ ~ ~	Versuchen Sie möglichst, die Farben verschiedener Früchte zu sich zu nehmen. Wenn Sie Rezepte bei einem Reboot-Plan austauschen, dann ersetzen Sie sie jeweils durch eins derselben Farbe.
	Dies ist ein schnelles und unaufwendiges Rezept mit nur wenigen Zutaten.
	Ideal nach einem Workout – oder wenn es ein Saft ist, auch beim Workout.
	Besonders hilfreich, wenn Sie an einer oder mehrerer der aufgeführten Krankheiten leiden.
	Geeignet für einen Reboot (das sind alle in diesem Buch mit Ausnahme einiger der Fruchtfleisch-Rezepte).

SÄFTE

Diese Rezepte erfordern einen Entsafter, der den Saft vom Fruchtfleisch trennt. Alternativ kann auch ein Mixer verwendet werden und das Fruchtfleisch mithilfe eines Nussbeutels vom Saft getrennt werden. Informationen zum Unterschied zwischen Entsaften und Pürieren finden Sie auf Seite 33. Alle Saftrezepte ergeben 500 ml Saft, wobei die Saftausbeute von der Größe des verwendeten Obsts und Gemüses sowie von der Effizienz Ihres Entsafters abhängt.

HERBSTERNTE

~ orangefarbener Saft ~

HERBST

Krebs, Arthritis, Gicht, Allergien, Migräne, Entzündungen/Schmerzen, Autoimmunkrankheiten, Schilddrüse, Sehkraft, Haut, Abwehrkräfte

NÄHRWERT PRO PORTION

216	kcal	49 g	Kohlenhydrate	0 g	Ballaststoffe
906	kJ	1 g	Fett	18 g	Zucker
3 g	Protein	0 g	gesättigtes Fett	58 mg	Natrium

ZUTATEN

1 Butternusskürbis
1–2 rote Äpfel
1 EL gemahlener Zimt
2,5 cm Ingwerwurzel

HERBSTRAUSCH

~ orangefarbener Saft ~

SOMMER/HERBST

Herzkrankheiten, Schlaganfall, hohes Cholesterin, Allergien, Migräne, Schilddrüse, Abnehmen/Adipositas, Sehkraft, Haut, Abwehrkräfte

NÄHRWERT PRO PORTION

172	kcal	39 g	Kohlenhydrate	3 g	Ballaststoffe
721	kJ	1 g	Fett	25 g	Zucker
3 g	Protein	0 g	gesättigtes Fett	52 mg	Natrium

ZUTATEN

2 Karotten
1½ Äpfel
½ Zitrone
4 Blätter Römersalat
5 Erdbeeren

KOMPLETT VIOLETT

~ violetter Saft ~

SOMMER/HERBST

Herzkrankheiten, Krebs, Arthritis, Schilddrüse, Gastrointestinaltrakt, Leber

NÄHRWERT PRO PORTION

248	kcal	53 g	Kohlenhydrate	5 g	Ballaststoffe
1.039	kJ	1 g	Fett	38 g	Zucker
7 g	Protein	0 g	gesättigtes Fett	56 mg	Natrium

ZUTATEN

- ½ Fenchelknolle
- ½ Kopf Rotkohl
- 2 große Handvoll Weintrauben
- 1 grüner Apfel

ZITRUS-WINTERWÄRME

~ roter Saft ~

WINTER

Herzkrankheiten, Schlaganfall, hoher Cholesterinspiegel, Krebs, Autoimmunkrankheiten, Schilddrüse, Haut, Abwehrkräfte, Gastrointestinaltrakt, Leber

NÄHRWERT PRO PORTION

232	kcal	52 g	Kohlenhydrate	3 g	Ballaststoffe
971	kJ	1 g	Fett	29 g	Zucker
5 g	Protein	0 g	gesättigtes Fett	48 mg	Natrium

ZUTATEN

- 2 Blutorangen oder andere Orangen
- ½ rosa Grapefruit
- 1 Rote Bete
- 1 Süßkartoffel
- ½ Zitrone
- 2,5 cm Ingwerwurzel

GESUNDBOHNEN

~ grüner Saft ~

SOMMER

Schlaganfall, Diabetes, Osteoporose, Schilddrüse, Abnehmen/Adipositas, Haut, Gastrointestinaltrakt

NÄHRWERT PRO PORTION

123	kcal	**24 g**	Kohlenhydrate	**1 g**	Ballaststoffe
514	kJ	**1 g**	Fett	**10 g**	Zucker
5 g	Protein	**0 g**	gesättigtes Fett	**24 mg**	Natrium

ZUTATEN

2 große Handvoll grüne Bohnen (ca. 200 g)
1 große Handvoll Spinat (ca. 200 g)
2 Gurken
1 Zitrone

SOMMERFRISCHE

~ roter Saft ~

SOMMER

Schilddrüse, Haut

NÄHRWERT PRO PORTION

239	kcal	**51 g**	Kohlenhydrate	**2 g**	Ballaststoffe
998	kJ	**2 g**	Fett	**33 g**	Zucker
5 g	Protein	**0 g**	gesättigtes Fett	**23 mg**	Natrium

ZUTATEN

450 g Erdbeeren
2 Äpfel
1 Zucchini
2 Stangen Sellerie

DUNKEL UND STÜRMISCH

~ violetter Saft ~

SOMMER/HERBST

Herzkrankheiten, hoher Cholesterinspiegel, Diabetes, Krebs, Osteoporose, Arthritis, Entzündungen/Schmerzen, Abnehmen/Adipositas, Abwehrkräfte, Gastrointestinaltrakt, Leber, Menstruation, PMS, Menopause, Polyzystisches Ovarialsyndrom (PCOS)

NÄHRWERT PRO PORTION

121	kcal	**21 g**	Kohlenhydrate	**2 g**	Ballaststoffe
506	kJ	**1 g**	Fett	**6 g**	Zucker
6 g	Protein	**0 g**	gesättigtes Fett	**63 mg**	Natrium

ZUTATEN

8 Blätter Grünkohl
1 große Rote Bete
1 Bund frische Petersilie
2 Stangen Sellerie
1 Zitrone

UNTERTAUCHEN

~ grüner Saft ~

SOMMER

Herzkrankheiten, Diabetes, Osteoporose, Sehkraft, Abwehrkräfte, Gedächtnis, Menstruation/PMS/Menopause/PCOS

NÄHRWERT PRO PORTION

105	kcal	**18 g**	Kohlenhydrate	**1 g**	Ballaststoffe
441	kJ	**1 g**	Fett	**6 g**	Zucker
6 g	Protein	**0 g**	gesättigtes Fett	**66 mg**	Natrium

ZUTATEN

4 Blätter Grünkohl
2 Blätter Römersalat
1 kleine Handvoll Spinat
1 kleine Handvoll frische Petersilie
4 Stangen Sellerie
½ Gurke
½ Zucchini
1 Limette
2,5 cm Ingwerwurzel

GÖTTERFUNKEN

~ orangefarbener Saft ~

HERBST/FRÜHLING

Herzkrankheiten, Schlaganfall, hoher Cholesterinspiegel, Krebs, Arthritis, Allergien, Migräne, Entzündung/Schmerzen, Autoimmunkrankheiten, Schilddrüse, Sehkraft, Haut, Abwehrkräfte

NÄHRWERT PRO PORTION

237	kcal	**53 g**	Kohlenhydrate	**4 g**	Ballaststoffe
993	kJ	**1 g**	Fett	**34 g**	Zucker
5 g	Protein	**0 g**	gesättigtes Fett	**47 mg**	Natrium

ZUTATEN

1 Apfel
¼ Ananas
1 Süßkartoffel
4–6 Karotten

GRÜNE LIEBE

~ grüner Saft ~

SOMMER/HERBST

Herzkrankheiten, Schlaganfall, hoher Cholesterinspiegel, Krebs, Osteoporose, Arthritis, Entzündung/Schmerzen, Sehkraft, Haut, Abwehrkräfte, Leber

NÄHRWERT PRO PORTION

220	kcal	47 g	Kohlenhydrate	1 g	Ballaststoffe
919	kJ	1 g	Fett	32 g	Zucker
5 g	Protein	0 g	gesättigtes Fett	13 mg	Natrium

ZUTATEN

- ½ Gurke
- ½ Zucchini
- 1 kleine Handvoll frische Petersilie
- 4 Grünkohlblätter
- 3 Stangen Sellerie
- 1 Handvoll grüne Weintrauben
- 1 Apfel
- ¼ Limette

SOMMERTRAUM

~ orangefarbener Saft ~

SOMMER/HERBST

Schlaganfall, Krebs, Arthritis, Gicht, Allergien, Migräne, Entzündung/Schmerzen, Autoimmunkrankheiten, Schilddrüse, Sehkraft, Haut, Abwehrkräfte

NÄHRWERT PRO PORTION

222	kcal	51 g	Kohlenhydrate	1 g	Ballaststoffe
927	kJ	1 g	Fett	28 g	Zucker
3 g	Protein	0 g	gesättigtes Fett	50 mg	Natrium

ZUTATEN

- 1 Süßkartoffel
- ½ Cantaloupe
- 1 Birne
- 1 Prise gemahlener Zimt
- 2,5 cm Ingwerwurzel

FENCHEL UND GEWÜRZE

~ roter Saft ~

SOMMER/HERBST

Herzkrankheiten, Schlaganfall, hoher Cholesterinspiegel, Diabetes, Krebs, Osteoporose, Arthritis, Gicht, Allergien, Migräne, Entzündung/Schmerzen, Autoimmunkrankheiten, Abnehmen, Adipositas, Sehkraft, Haut, Abwehrkräfte, Leber, Menstruation/PMS/Menopause/PCOS, Gallenblase

NÄHRWERT PRO PORTION

213	kcal	**42 g**	Kohlenhydrate	**4 g**	Ballaststoffe
889	kJ	**2 g**	Fett	**14 g**	Zucker
7 g	Protein	**0 g**	gesättigtes Fett	**60 mg**	Natrium

ZUTATEN

- ½ Fenchelknolle
- 4 mittelgroße Karotten
- 2 rote Paprika
- 6–8 Grünkohlblätter
- 5 cm Ingwerwurzel

GRÜNER TRAUM

~ grüner Saft ~

SOMMER/HERBST

Herzkrankheiten, Schlaganfall, Krebs, Osteoporose, Migräne, Autoimmunkrankheiten, Abnehmen/Adipositas, Sehkraft, Haut, Abwehrkräfte

NÄHRWERT PRO PORTION

146	kcal	**31 g**	Kohlenhydrate	**1 g**	Ballaststoffe
612	kJ	**1 g**	Fett	**17 g**	Zucker
4 g	Protein	**0 g**	gesättigtes Fett	**44 mg**	Natrium

ZUTATEN

- 1 große Handvoll Spinat
- 1 Gurke
- 1 kleine Handvoll frische Petersilie
- 1 Apfel
- 1 Limette

GRÜNER PFIRSICHRIESE

~ orangefarbener Saft ~

SOMMER

Herzkrankheiten, Schlaganfall, Diabetes, Krebs, Osteoporose, Arthritis, Gicht, Allergien, Migräne, Entzündung/Schmerzen, Autoimmunkrankheiten, Abnehmen/Adipositas, Sehkraft, Haut, Abwehrkräfte, Leber, Menstruation/PMS/Menopause/PCOS

NÄHRWERT PRO PORTION

105	kcal	**21 g**	Kohlenhydrate	**2 g**	Ballaststoffe
438	kJ	**1 g**	Fett	**12 g**	Zucker
3 g	Protein	**0 g**	gesättigtes Fett	**55 mg**	Natrium

ZUTATEN

1 Pfirsich
4 Grünkohlblätter
2 Karotten
2,5 cm Ingwerwurzel

HERZSCHLAG

~ violetter Saft ~

SOMMER/HERBST

Herzkrankheiten, Schlaganfall, hoher Cholesterinspiegel, Diabetes, Krebs, Osteoporose, Arthritis, Gicht, Abnehmen/Adipositas, Sehkraft, Haut, Abwehrkräfte, Gastrointestinaltrakt, Leber, Menstruation/PMS/Menopause/PCOS

NÄHRWERT PRO PORTION

248	kcal	**53 g**	Kohlenhydrate	**2 g**	Ballaststoffe
1.039	kJ	**1 g**	Fett	**34 g**	Zucker
7 g	Protein	**0 g**	gesättigtes Fett	**66 mg**	Natrium

ZUTATEN

1 Rote Bete
2 Blätter Bunter Mangold
2 Stangen Sellerie
1 Brokkolistiel
1 große Handvoll frisches Basilikum
1 Zitrone
1 grüner Apfel

HERZWÄRMER

~ violetter Saft ~

HERBST

Herzkrankheiten, Schlaganfall, hoher Cholesterinspiegel, Krebs, Allergien, Migräne, Sehkraft, Abwehrkräfte, Gedächtnis, Gastrointestinaltrakt, Leber

NÄHRWERT PRO PORTION

232	kcal	**53 g**	Kohlenhydrate	**4 g**	Ballaststoffe
971	kJ	**1 g**	Fett	**33 g**	Zucker
4 g	Protein	**0 g**	gesättigtes Fett	**55 mg**	Natrium

ZUTATEN

2 Rote Bete mit Blättern
4 Blätter Mangold
2 Karotten
2 Äpfel
2,5 cm Ingwerwurzel

HERZSCHMERZ

~ roter Saft ~

HERBST/WINTER

Herzkrankheiten, Schlaganfall, hoher Cholesterinspiegel, Arthritis, Entzündung/Schmerzen, Schilddrüse, Abwehrkräfte, Gastrointestinaltrakt, Leber

NÄHRWERT PRO PORTION

157	kcal	**34 g**	Kohlenhydrate	**5 g**	Ballaststoffe
655	kJ	**1 g**	Fett	**24 g**	Zucker
4 g	Protein	**0 g**	gesättigtes Fett	**34 mg**	Natrium

ZUTATEN

- 2 kleine Rote Bete
- 2 Orangen
- 2 Blätter Römersalat
- 5 cm frische Ingwerwurzel

HONIGMELONE

~ grüner Saft ~

SOMMER

Diabetes, Osteoporose, Schilddrüse, Abnehmen/Adipositas, Haut, Menstruation/PMS/Menopause/PCOS

NÄHRWERT PRO PORTION

98	kcal	19 g	Kohlenhydrate	1 g	Ballaststoffe
408	kJ	1 g	Fett	11 g	Zucker
3 g	Protein	0 g	gesättigtes Fett	64 mg	Natrium

ZUTATEN

1 Handvoll Spinat
¼ Honigmelone
1 Gurke
1 Zitrone

WEIHNACHTSFREUDE

~ grüner Saft ~

WINTER

Herzkrankheiten, Schlaganfall, Krebs, Entzündung/Schmerzen, Abwehrkräfte, Gedächtnis, Gastrointestinaltrakt, Leber

NÄHRWERT PRO PORTION

249	kcal	**51 g**	Kohlenhydrate	**5 g**	Ballaststoffe
1.042	kJ	**2 g**	Fett	**36 g**	Zucker
7 g	Protein	**0 g**	gesättigtes Fett	**51 mg**	Natrium

ZUTATEN

- 1/4 Kopf Rotkohl
- 5 kleine oder 2 mittelgroße Rote Bete
- 3 Clementinen oder 1 Orange
- 115 g Granatapfelkerne
- 2 große Blätter Römersalat

JOES GEMEINER GRÜNER

~ grüner Saft ~

SOMMER/HERBST

Herzkrankheiten, hoher Cholesterinspiegel, Krebs, Osteoporose, Arthritis, Migräne, Entzündung/Schmerzen, Autoimmunkrankheiten, Abnehmen/Adipositas, Sehkraft, Haut, Abwehrkräfte, Leber

NÄHRWERT PRO PORTION

251	kcal	**54 g**	Kohlenhydrate	**2 g**	Ballaststoffe
1.049	kJ	**1 g**	Fett	**30 g**	Zucker
6 g	Protein	**0 g**	gesättigtes Fett	**128 mg**	Natrium

ZUTATEN

- 8 Blätter Grünkohl
- 1 Gurke
- 4 Stangen Sellerie
- 2 Äpfel
- 1/2 Zitrone
- 2,5 cm Ingwerwurzel

ORANGENTRAUM

~ orangefarbener Saft ~

HERBST

Herzkrankheiten, Schlaganfall, hoher Cholesterinspiegel, Krebs, Arthritis, Allergien, Migräne, Entzündung/Schmerzen, Autoimmunkrankheiten, Schilddrüse, Sehkraft, Haut, Abwehrkräfte

NÄHRWERT PRO PORTION

159	kcal	34 g	Kohlenhydrate	4 g	Ballaststoffe
666	kJ	1 g	Fett	21 g	Zucker
4 g	Protein	0 g	gesättigtes Fett	59 mg	Natrium

ZUTATEN

1 orangefarbene Paprika
1 Orange
5 Karotten
1 große Handvoll Spinat

COOLE KUMQUAT

~ orangefarbener Saft ~

WINTER

Herzkrankheiten, Schlaganfall, Krebs, Arthritis, Gicht, Allergien, Entzündung/Schmerzen, Schilddrüse, Sehkraft, Haut, Abwehrkräfte

NÄHRWERT PRO PORTION

181	kcal	38 g	Kohlenhydrate	4 g	Ballaststoffe
756	kJ	1 g	Fett	20 g	Zucker
4 g	Protein	0 g	gesättigtes Fett	59 mg	Natrium

ZUTATEN

6 Kumquats
1 orangefarbene Paprika
8 Karotten
2,5 cm Ingwerwurzel

GRÜNE ANANAS

~ grüner Saft ~

FRÜHLING

Herzkrankheiten, Diabetes, Krebs, Osteoporose, Arthritis, Gicht, Entzündung/Schmerzen, Autoimmunkrankheiten, Schilddrüse

NÄHRWERT PRO PORTION

160	kcal	**31 g**	Kohlenhydrate	**1 g**	Ballaststoffe
669	kJ	**1 g**	Fett	**16 g**	Zucker
7 g	Protein	**0 g**	gesättigtes Fett	**55 mg**	Natrium

ZUTATEN

- 2 große Handvoll Spinat (ca. 340 g)
- ¼ Ananas
- 1 Zitrone

LIMETTENLIEBE

~ grüner Saft ~

FRÜHLING

Diabetes, Osteoporose, Migräne, Entzündung/Schmerzen, Abnehmen/Adipositas, Sehkraft, Haut, Abwehrkräfte, Gastrointestinaltrakt, Leber, Menstruation/PMS/Menopause/PCOS

NÄHRWERT PRO PORTION

157	kcal	34 g	Kohlenhydrate	4 g	Ballaststoffe
655	kJ	1 g	Fett	19 g	Zucker
3 g	Protein	0 g	gesättigtes Fett	50 mg	Natrium

ZUTATEN

- 1/4 Ananas
- 1 Gurke
- 1 Limette
- 1 Handvoll frischer Koriander
- 1 Löwenzahnblätter

BROKKOLIFEST

~ orangefarbener Saft ~

SOMMER/HERBST

Schlaganfall, Krebs, Allergien, Migräne, Sehkraft, Haut, Abwehrkräfte

NÄHRWERT PRO PORTION

120	kcal	24 g	Kohlenhydrate	3 g	Ballaststoffe
503	kJ	1 g	Fett	11 g	Zucker
5 g	Protein	0 g	gesättigtes Fett	60 mg	Natrium

ZUTATEN

- 4 Karotten
- 6 Erdbeeren
- 1 Brokkolistiel

KA-TO-BRO-PE-SAFT

~ roter Saft ~

SOMMER/HERBST

Diabetes, Krebs, Allergien, Migräne, Autoimmunkrankheiten, Abnehmen/Adipositas, Sehkraft, Haut, Abwehrkräfte, Gastrointestinaltrakt, Leber, Menstruation/PMS/Menopause/PCOS, Gallenblase

NÄHRWERT PRO PORTION

233	kcal	**46 g**	Kohlenhydrate	**4 g**	Ballaststoffe
976	kJ	**2 g**	Fett	**16 g**	Zucker
8 g	Protein	**0 g**	gesättigtes Fett	**45 mg**	Natrium

ZUTATEN

- 5 (mittel-)große Karotten
- 1 mittelgroße Tomate
- ½ Kopf Brokkoli
- 1 Handvoll frische Petersilie
- 1 Limette
- 2,5 cm frische Ingwerwurzel

LEBENSELIXIER

~ grüner Saft ~

SOMMER

Herzkrankheiten, Diabetes, Arthritis, Entzündung/Schmerzen, Schilddrüse, Abnehmen/Adipositas, Haut, Menstruation/PMS/Menopause/PCOS

NÄHRWERT PRO PORTION

100	kcal	20 g	Kohlenhydrate	0 g	Ballaststoffe
419	kJ	1 g	Fett	9 g	Zucker
3 g	Protein	0 g	gesättigtes Fett	34 mg	Natrium

ZUTATEN

- ¼ Honigmelone
- 2 Stangen Sellerie
- ½ Gurke
- ½ Limette
- 1 Handvoll frische Minze

MORGENGRUSS

~ orangefarbener Saft ~

SOMMER/HERBST

Schlaganfall, Diabetes, Krebs, Arthritis, Allergien, Migräne, Entzündung/Schmerzen, Autoimmunkrankheiten, Schilddrüse, Abnehmen/Adipositas, Sehkraft, Haut, Abwehrkräfte, Menstruation/PMS/Menopause/PCOS

NÄHRWERT PRO PORTION

118	kcal	25 g	Kohlenhydrate	2 g	Ballaststoffe
492	kJ	1 g	Fett	10 g	Zucker
3 g	Protein	0 g	gesättigtes Fett	51 mg	Natrium

ZUTATEN

- 1 orangefarbene Paprika
- 1 gelbe Paprika
- 1 große Karotte
- ½ grüner Apfel
- ½ Zitrone

MORGENKUSS

~ roter Saft ~

SOMMER/HERBST

Krebs, Migräne, Schilddrüse, Sehkraft, Haut, Abwehrkräfte, Gastrointestinaltrakt

NÄHRWERT PRO PORTION

184	kcal	38 g	Kohlenhydrate	2 g	Ballaststoffe
770	kJ	2 g	Fett	28 g	Zucker
4 g	Protein	0 g	gesättigtes Fett	51 mg	Natrium

ZUTATEN

1 Rote Bete
1 violette (oder orangefarbene) Karotte
12 Erdbeeren
2 Orangen
2 Stangen Sellerie

NEUANFANG

~ violetter Saft ~

SOMMER/HERBST

Schlaganfall, Schilddrüse, Sehkraft, Haut, Abwehrkräfte, Gastrointestinaltrakt, Leber

NÄHRWERT PRO PORTION

183	kcal	38 g	Kohlenhydrate	4 g	Ballaststoffe
767	kJ	1 g	Fett	22 g	Zucker
5 g	Protein	0 g	gesättigtes Fett	64 mg	Natrium

ZUTATEN

4 große Karotten
2 mittelgroße Rote Bete
2 mittelgroße rote Paprika
2,5 cm frische Ingwerwurzel

GURKENTRAUM MELONE

~ grüner Saft ~

SOMMER

Herzkrankheiten, Diabetes, Autoimmunkrankheiten, Schilddrüse, Abnehmen/Adipositas, Haut, Menstruation/PMS/Menopause/PCOS

NÄHRWERT PRO PORTION

118	kcal	24 g	Kohlenhydrate	0 g	Ballaststoffe
492	kJ	1 g	Fett	14 g	Zucker
4 g	Protein	0 g	gesättigtes Fett	38 mg	Natrium

ZUTATEN

- 2 große Gurken
- 1/4 Honigmelone
- 3 Stangen Sellerie

PFLAUMENTRAUM

~ grüner Saft ~

SOMMER/HERBST

Herzkrankheiten, Arthritis, Schilddrüse, Abnehmen/Adipositas, Haut, Gedächtnis

NÄHRWERT PRO PORTION

98	kcal	**18 g**	Kohlenhydrate	**1 g**	Ballaststoffe
411	kJ	**2 g**	Fett	**14 g**	Zucker
2 g	Protein	**0 g**	gesättigtes Fett	**50 mg**	Natrium

ZUTATEN

1 Gurke
5 Stangen Sellerie
1–2 Pflaumen

PICKNICKPARTY

~ grüner Saft ~

SOMMER

Arthritis, Gicht, Allergien, Abwehrkräfte, Gastrointestinaltrakt, Leber

NÄHRWERT PRO PORTION

222	kcal	**46 g**	Kohlenhydrate	**5 g**	Ballaststoffe
930	kJ	**1 g**	Fett	**26 g**	Zucker
7 g	Protein	**0 g**	gesättigtes Fett	**50 mg**	Natrium

ZUTATEN

1 gelbe Bete
½ Grapefruit
1 gelbe Zucchini
½ Gurke
¼ Kopf Weißkohl
1 Apfel (oder Birne)
1 kleine Handvoll frische Minze

ANANASPOWER

~ grüner Saft ~

FRÜHLING

Herzkrankheiten, Schlaganfall, hoher Cholesterinspiegel, Diabetes, Krebs, Osteoporose, Arthritis, Migräne, Entzündung/Schmerzen, Gallenblase, Abnehmen/Adipositas, Sehkraft, Haut, Abwehrkräfte, Gastrointestinaltrakt, Leber, Menstruation/PMS/Menopause/PCOS

NÄHRWERT PRO PORTION

133	kcal	28 g	Kohlenhydrate	1 g	Ballaststoffe
558	kJ	1 g	Fett	16 g	Zucker
4 g	Protein	0 g	gesättigtes Fett	51 mg	Natrium

ZUTATEN

- ¼ Ananas
- 1 Handvoll Brunnenkresse
- 4–6 Grünkohlblätter
- 2 Stangen Sellerie

ROSA LIMONADE

~ roter Saft ~

SOMMER

Schlaganfall, Krebs, Entzündung/Schmerzen, Autoimmunkrankheiten, Haut, Abwehrkräfte, Gastrointestinaltrakt, Leber, Gallenblase

NÄHRWERT PRO PORTION

241	kcal	51 g	Kohlenhydrate	4 g	Ballaststoffe
1.006	kJ	1 g	Fett	29 g	Zucker
7 g	Protein	0 g	gesättigtes Fett	52 mg	Natrium

ZUTATEN

- 2 Birnen
- 1 Zitrone
- ¼ Kopf Weißkohl
- 1 große Handvoll Spinat
- 1 kleine Handvoll frische Minze
- 12 Erdbeeren

PAPRIKA-CHILI-FEUER

~ roter Saft ~

SOMMER/HERBST

Herzkrankheiten, Schlaganfall, hoher Cholesterinspiegel, Diabetes, Krebs, Arthritis, Entzündung/Schmerzen, Autoimmunkrankheiten, Schilddrüse, Abnehmen/Adipositas, Sehkraft, Haut, Abwehrkräfte, Gastrointestinaltrakt, Menstruation/PMS/Menopause/PCOS

NÄHRWERT PRO PORTION

105	kcal	**21 g**	Kohlenhydrate	**1 g**	Ballaststoffe
438	kJ	**1 g**	Fett	**10 g**	Zucker
3 g	Protein	**0 g**	gesättigtes Fett	**44 mg**	Natrium

ZUTATEN

- je 1 grüne, gelbe, rote Paprika
- 1 Chilischote (optional)
- 2 Stangen Sellerie
- 1 Limette
- 1 kleine Handvoll frischer Koriander

REINGRÜN

~ grüner Saft ~

WINTER

Herzkrankheiten, Osteoporose, Abnehmen/Adipositas, Haut, Abwehrkräfte, Gedächtnis, Gastrointestinaltrakt, Gallenblase

NÄHRWERT PRO PORTION

209	kcal	**42 g**	Kohlenhydrate	**4 g**	Ballaststoffe
876	kJ	**1 g**	Fett	**14 g**	Zucker
8 g	Protein	**0 g**	gesättigtes Fett	**52 mg**	Natrium

ZUTATEN

- 8 Blätter Grünkohl
- 1 Gurke
- ¼ Kopf Kohl
- 4 Stangen Sellerie
- 1 Orange
- 1 Limette

REGENBOGENGRÜN

~ grüner Saft ~

HERBST

Herzkrankheiten, Schlaganfall, hoher Cholesterinspiegel, Osteoporose, Allergien, Migräne, Autoimmunkrankheiten, Sehkraft, Haut, Abwehrkräfte, Leber

NÄHRWERT PRO PORTION

241	kcal	**53 g**	Kohlenhydrate	**4 g**	Ballaststoffe
1.006	kJ	**1 g**	Fett	**33 g**	Zucker
4 g	Protein	**0 g**	gesättigtes Fett	**54 mg**	Natrium

ZUTATEN

4 Blätter Grünkohl
3 Stangen Sellerie
4 Karotten
2 Äpfel

HELLE FREUDE

~ grüner Saft ~

HERBST/WINTER

Herzkrankheiten, Krebs, Osteoporose, Allergien, Migräne, Haut, Abnehmen/Adipositas, Abwehrkräfte, Gastrointestinaltrakt, Leber, Gallenblase

NÄHRWERT PRO PORTION

265	kcal	**52 g**	Kohlenhydrate	**5 g**	Ballaststoffe
1.107	kJ	**2 g**	Fett	**27 g**	Zucker
10 g	Protein	**0 g**	gesättigtes Fett	**64 mg**	Natrium

ZUTATEN

2 Orangen
2 Karotten
1 Kopf Brokkoli
2 Stangen Sellerie

GRÜNES GRINSEN

~ grüner Saft ~

HERBST

Herzkrankheiten, Migräne, Schilddrüse, Abwehrkräfte

NÄHRWERT PRO PORTION

245	kcal	57 g	Kohlenhydrate	2 g	Ballaststoffe
1.025	kJ	1 g	Fett	35 g	Zucker
3 g	Protein	0 g	gesättigtes Fett	64 mg	Natrium

ZUTATEN

2 große grüne Birnen
1 Handvoll grüne Weintrauben
1 großes Bund Spinat
1 Gurke

SCHARFE SÜSSKARTOFFEL

~ orangefarbener Saft ~

WINTER

Schlaganfall, Krebs, Allergien, Migräne, Autoimmunkrankheiten, Schilddrüse, Sehkraft, Haut, Abwehrkräfte

NÄHRWERT PRO PORTION

146	kcal	**33 g**	Kohlenhydrate	**2 g**	Ballaststoffe
612	kJ	**1 g**	Fett	**14 g**	Zucker
3 g	Protein	**0 g**	gesättigtes Fett	**49 mg**	Natrium

ZUTATEN

1	große Süßkartoffel
2	Karotten
1	Mandarine
¼ TL	gemahlener Zimt
1 Prise	Muskatnuss

HOCHSPRUNG

~ grüner Saft ~

HERBST

Herzkrankheiten, Krebs, Osteoporose, Arthritis, Gicht, Migräne, Entzündung/Schmerzen, Autoimmunkrankheiten, Abnehmen/Adipositas, Sehkraft, Haut, Abwehrkräfte, Leber

NÄHRWERT PRO PORTION

241	kcal	**52 g**	Kohlenhydrate	**2 g**	Ballaststoffe
1.006	kJ	**1 g**	Fett	**26 g**	Zucker
5 g	Protein	**0 g**	gesättigtes Fett	**53 mg**	Natrium

ZUTATEN

1 Fenchelknolle
6 Blätter Grünkohl
2 Limetten
2 Äpfel

SOMMERSCHEIN

~ orangefarbener Saft ~

SOMMER

Herzkrankheiten, Krebs, Allergien, Autoimmunkrankheiten, Schilddrüse, Sehkraft, Haut

NÄHRWERT PRO PORTION

118	kcal	**25 g**	Kohlenhydrate	**2 g**	Ballaststoffe
495	kJ	**1 g**	Fett	**16 g**	Zucker
3 g	Protein	**0 g**	gesättigtes Fett	**104 mg**	Natrium

ZUTATEN

5 Stangen Sellerie
½ Gurke
1 große Karotte
1 Tomate
½ Orange
½ Pfirsich

GRÜNES LICHT

~ grüner Saft ~

FRÜHLING

Diabetes, Entzündung/Schmerzen, Schilddrüse, Abnehmen/Adipositas, Haut

NÄHRWERT PRO PORTION

207	kcal	**41 g**	Kohlenhydrate	**1 g**	Ballaststoffe
868	kJ	**2 g**	Fett	**22 g**	Zucker
7 g	Protein	**0 g**	gesättigtes Fett	**72 mg**	Natrium

ZUTATEN

- 1/4 Ananas
- 4 Stangen Sellerie
- 1 großes Bund Römersalat
- 1 Handvoll Spinat
- 1 Limette

ANANASSONNE

~ gelber Saft ~

FRÜHLING

Arthritis, Gicht, Migräne, Entzündung/Schmerzen, Autoimmunkrankheiten, Schilddrüse, Haut

NÄHRWERT PRO PORTION

107	kcal	**23 g**	Kohlenhydrate	**1 g**	Ballaststoffe
449	kJ	**1 g**	Fett	**16 g**	Zucker
2 g	Protein	**0 g**	gesättigtes Fett	**46 mg**	Natrium

ZUTATEN

- 1/4 Ananas
- 4 Stangen Sellerie
- 2,5 cm Ingwerwurzel

SÜSSSAUER

~ grüner Saft ~

WINTER

Osteoporose, Arthritis, Gicht, Schilddrüse, Haut, Abwehrkräfte

NÄHRWERT PRO PORTION

138	kcal	30 g	Kohlenhydrate	4 g	Ballaststoffe
579	kJ	1 g	Fett	24 g	Zucker
3 g	Protein	0 g	gesättigtes Fett	54 mg	Natrium

ZUTATEN

2 große Handvoll Spinat (ca. 340 g)
3 Stangen Sellerie
2 Grapefruits

SÜSS 'N' SCHARF

~ grüner Saft ~

SOMMER/HERBST

Herzkrankheiten, hoher Cholesterinspiegel, Krebs, Osteoporose, Arthritis, Entzündung/Schmerzen, Abnehmen/Adipositas, Haut, Leber

NÄHRWERT PRO PORTION

196	kcal	44 g	Kohlenhydrate	2 g	Ballaststoffe
819	kJ	1 g	Fett	23 g	Zucker
3 g	Protein	0 g	gesättigtes Fett	68 mg	Natrium

ZUTATEN

1 großes Radieschen
1 kleiner Apfel
1 Birne
½ Fenchelknolle
4 Blätter Grünkohl

SÜSSER SALBEI

~ grüner Saft ~

HERBST/WINTER

Herzkrankheiten, Schlaganfall, hoher Cholesterinspiegel, Entzündung/Schmerzen, Autoimmunkrankheiten, Abnehmen/Adipositas, Leber

NÄHRWERT PRO PORTION

155	kcal	33 g	Kohlenhydrate	4 g	Ballaststoffe
647	kJ	1 g	Fett	12 g	Zucker
3 g	Protein	0 g	gesättigtes Fett	57 mg	Natrium

ZUTATEN

½ Limette
1 Handvoll frische Salbeiblätter
2 Stangen Sellerie
1–2 Birnen
¼ Kopf Weißkohl

HALLOWEENNACHT

~ orangefarbener Saft ~

HERBST

Herzkrankheiten, Schlaganfall, hoher Cholesterinspiegel, Diabetes, Krebs, Arthritis, Gicht, Allergien, Migräne, Entzündung/Schmerzen, Schilddrüse, Sehkraft, Haut, Abwehrkräfte, Menstruation/PMS/Menopause/PCOS

NÄHRWERT PRO PORTION

162	kcal	**36 g**	Kohlenhydrate	**3 g**	Ballaststoffe
677	kJ	**1 g**	Fett	**16 g**	Zucker
3 g	Protein	**0 g**	gesättigtes Fett	**57 mg**	Natrium

ZUTATEN

- 1 Süßkartoffel
- 1 Orange
- 1 orangefarbene Paprika
- 1 Karotte
- 1 Prise gemahlener Zimt

TROPISCHE MINZE

~ gelber Saft ~

FRÜHLING

Arthritis, Gicht, Entzündung/Schmerzen, Autoimmunkrankheiten, Schilddrüse, Haut

NÄHRWERT PRO PORTION

219	kcal	**49 g**	Kohlenhydrate	**0 g**	Ballaststoffe
917	kJ	**1 g**	Fett	**33 g**	Zucker
4 g	Protein	**0 g**	gesättigtes Fett	**13 mg**	Natrium

ZUTATEN

- ½ Ananas
- 1 Gurke
- 1 große Handvoll frische Minze
- 2,5 cm Ingwerwurzel

GRÜNE NEUNE

~ grüner Saft ~

HERBST

Herzkrankheiten, Migräne, Autoimmunkrankheiten, Schilddrüse, Abnehmen/Adipositas, Sehkraft, Haut, Abwehrkräfte

NÄHRWERT PRO PORTION

180	kcal	**40 g**	Kohlenhydrate	**3 g**	Ballaststoffe
753	kJ	**1 g**	Fett	**25 g**	Zucker
4 g	Protein	**0 g**	gesättigtes Fett	**64 mg**	Natrium

ZUTATEN

- 1 große Rübe
- 1 Birne
- ½ Gurke
- 2 Handvoll Spinat
- ¼ Cantaloupe
- 1 große Karotte

KRIEGERIN

~ roter Saft ~

SOMMER/HERBST

Herzkrankheiten, Schlaganfall, hoher Cholesterinspiegel, Krebs, Entzündung/Schmerzen, Sehkraft, Haut, Abwehrkräfte, Gastrointestinaltrakt, Leber

NÄHRWERT PRO PORTION

227	kcal	**49 g**	Kohlenhydrate	**5 g**	Ballaststoffe
949	kJ	**1 g**	Fett	**33 g**	Zucker
6 g	Protein	**0 g**	gesättigtes Fett	**58 mg**	Natrium

ZUTATEN

- ½ Kopf Rotkohl
- ½ kleine Wassermelone
- 2 Orangen
- ½ Fenchelknolle

BRUNNENKRESSE

~ grüner Saft ~

FRÜHLING

Herzkrankheiten, hoher Cholesterinspiegel, Krebs, Arthritis, Haut, Leber, Gallenblase

NÄHRWERT PRO PORTION

167	kcal	39 g	Kohlenhydrate	1 g	Ballaststoffe
699	kJ	1 g	Fett	26 g	Zucker
1 g	Protein	0 g	gesättigtes Fett	46 mg	Natrium

ZUTATEN

1 großes Bund Brunnenkresse (200 g)
2 grüne Äpfel
1 Limette
2 Stangen Sellerie

ROTE-BETE-TANGO

~ violetter Saft ~

HERBST/WINTER

Herzkrankheiten, Schlaganfall, Krebs, Schilddrüse, Abnehmen/Adipositas, Haut, Gedächtnis, Gastrointestinaltrakt

NÄHRWERT PRO PORTION

201	kcal	43 g	Kohlenhydrate	3 g	Ballaststoffe
840	kJ	1 g	Fett	30 g	Zucker
6 g	Protein	0 g	gesättigtes Fett	45 mg	Natrium

ZUTATEN

3 kleine Rote Bete
1 Gurke
1 Handvoll Spinat
2 Orangen

KOKOS-WASSER-SÄFTE

An reinen Safttagen schreibt unser Reboot-Plan das Trinken von 450 ml Kokoswasser vor. Man kann dem Kokoswasser mehr Aroma verleihen, indem man die folgenden Säfte zufügt. (Aber diese zählen als täglicher Kokoswasserverzehr, nicht als Saft!)

KOKOSWASSER

Als ich meinen Reboot gemacht habe, kannte ich Kokoswasser noch nicht – aber ich wünschte, ich hätte es gekannt. Als mein Team von Ernährungswissenschaftlern die Reboot-Pläne entwickelte, wurde Kokoswasser als unverzichtbarer Bestandteil aufgenommen.

Kokoswasser ist eine hervorragende Quelle von Elektrolyten; Ionen, die elektrisch geladene Teilchen transportieren, einschließlich Natrium, Chlorid, Kalium und Magnesium, und die für das normale Funktionieren unserer Zellen und Organe essenziell sind. Der Körper verliert Elektrolyte, wenn man schwitzt, und sie werden durch die Aufnahme von Flüssigkeit ersetzt.

Das Trinken von elektrolytreichen Flüssigkeiten bei einem Reboot kann die Schwere einiger Symptome wie Schwindel, Müdigkeit, Kopfschmerzen oder Konzentrationsschwäche, die in der Regel während der ersten Tage auftreten, lindern ... Elektrolyte sind auch wichtig, wenn Sie an Krämpfen in den Beinen, Erbrechen oder Durchfall leiden.

Aber einige Rebooter mögen den Geschmack von Kokoswasser nicht. Wenn Sie zu dieser Personengruppe gehören, dann empfehle ich, das Kokoswasser mit etwas Saft zu vermischen. Deshalb haben wir einige besondere Rezepte für »aromatisiertes« Kokoswasser entwickelt.

GRÜNES KOKOSWASSER

~ grüner Saft ~

HERBST

Herzkrankheiten, Diabetes, Krebs, Osteoporose, Entzündung/Schmerzen, Autoimmunkrankheiten, Abnehmen/Adipositas, Sehkraft, Haut, Abwehrkräfte, Gedächtnis, Gastrointestinaltrakt, Leber, Gallenblase

NÄHRWERT PRO PORTION

194	kcal	40 g	Kohlenhydrate	1 g	Ballaststoffe
810	kJ	1 g	Fett	24 g	Zucker
5 g	Protein	0 g	gesättigtes Fett	44 mg	Natrium

ZUTATEN

4 Blätter Grünkohl
1 Gurke
1 Stange Sellerie
1 Apfel
225–450 ml Kokoswasser

COCO-COLADA

~ grüner Saft ~

FRÜHLING/SOMMER

Herzkrankheiten, Schlaganfall, Krebs, Osteoporose, Gicht, Entzündung/Schmerzen, Autoimmunkrankheiten, Abnehmen/Adipositas, Sehkraft, Abwehrkräfte, Gastrointestinaltrakt

NÄHRWERT PRO PORTION

142	kcal	29 g	Kohlenhydrate	1 g	Ballaststoffe
593	kJ	1 g	Fett	20 g	Zucker
4 g	Protein	0 g	gesättigtes Fett	71 mg	Natrium

ZUTATEN

1/4 Ananas
2 Stangen Sellerie
1 kleine Handvoll frische Minze
225–450 ml Kokoswasser

ERDBEER-KOKOSWASSER

~ grüner Saft ~

SOMMER

Herzkrankheiten, Schlaganfall, hoher Cholesterinspiegel, Diabetes, Krebs, Osteoporose, Gicht, Allergien, Entzündungen/Schmerzen, Sehkraft, Haut, Abwehrkräfte, Gastrointestinaltrakt, Menstruation/PMS/Menopause/PCOS

NÄHRWERT PRO PORTION

105	kcal	**20 g**	Kohlenhydrate	**0 g**	Ballaststoffe
441	kJ	**1 g**	Fett	**11 g**	Zucker
4 g	Protein	**0 g**	gesättigtes Fett	**63 mg**	Natrium

ZUTATEN

8 Erdbeeren
1 kleine Handvoll frische Minze
1 große Handvoll Spinat
225–450 ml Kokoswasser

LIMETTEN-KOKOSWASSER

~ orangefarbener Saft ~

HERBST/WINTER

Herzkrankheiten, hoher Cholesterinspiegel, Diabetes, Arthritis, Gicht, Migräne, Autoimmunkrankheiten, Abnehmen/Adipositas, Sehkraft, Haut, Abwehrkräfte, Gastrointestinaltrakt, Leber, Menstruation/PMS/Menopause/PCOS, Gallenblase

NÄHRWERT PRO PORTION

144	kcal	**31 g**	Kohlenhydrate	**1 g**	Ballaststoffe
601	kJ	**1 g**	Fett	**12 g**	Zucker
4 g	Protein	**0 g**	gesättigtes Fett	**70 mg**	Natrium

ZUTATEN

1 Süßkartoffel
½ Limette
225–450 ml Kokoswasser

SMOOTHIES

Zur Erinnerung: Ein Smoothie wird in einem Mixer zubereitet; Informationen zum Unterschied zwischen Entsaften und Pürieren finden Sie auf Seite 33.

Hinweis: Alle Smoothie-Rezepte ergeben 500 ml.

BEEREN UND BETE

SOMMER

Herzkrankheiten, Krebs, Gicht, Entzündungen/Schmerzen, Autoimmunkrankheiten, Sehkraft, Haut, Abwehrkräfte, Leber

NÄHRWERT PRO PORTION

220	kcal	**50 g**	Kohlenhydrate	**13 g**	Ballaststoffe
920	kJ	**1,5 g**	Fett	**33 g**	Zucker
6 g	Protein	**0 g**	gesättigtes Fett	**340 mg**	Natrium

ZUTATEN

225 ml	Kokoswasser
110 g	Himbeeren, frisch oder gefroren
110 g	Kirschen, frisch oder gefroren
110 g	Erdbeeren, frisch oder gefroren
1 EL	Gojibeeren (optional)
½–1	kleine Rote Bete, geschält
½	kleine Karotte
	Eiswürfel (optional)

MELONE-GURKE

SOMMER

Schlaganfall, Krebs, Arthritis, Entzündungen/Schmerzen, Schilddrüse, Abnehmen/Adipositas, Sehkraft, Haut, Abwehrkräfte, Gastrointestinaltrakt, Menstruation/PMS/Menopause/PCOS

NÄHRWERT PRO PORTION

120	kcal	**30 g**	Kohlenhydrate	**3 g**	Ballaststoffe
502	kJ	**0,5 g**	Fett	**24 g**	Zucker
3 g	Protein	**0 g**	gesättigtes Fett	**400 mg**	Natrium

ZUTATEN

- ¼ Honigmelone
- ½ Gurke
- 1 Stange Sellerie
- ½ Limette (Saft)
- 1 Prise Meersalz (optional)
- Eiswürfel (optional)

FEUERROT

HERBST/WINTER

Herzkrankheiten, Schlaganfall, hoher Cholesterinspiegel, Krebs, Osteoporose, Arthritis, Entzündungen/Schmerzen, Autoimmunkrankheiten, Schilddrüse, Sehkraft, Haut, Abwehrkräfte, Leber, Menstruation/PMS/Menopause/PCOS

NÄHRWERT PRO PORTION

400	kcal	**89 g**	Kohlenhydrate	**19 g**	Ballaststoffe
1.672	kJ	**4 g**	Fett	**65 g**	Zucker
10 g	Protein	**1 g**	gesättigtes Fett	**490 mg**	Natrium

ZUTATEN

- 230 g Granatapfelkerne
- 2 EL Gojibeeren (optional)
- ½ kleine Rote Bete, geschält
- 375 ml Kokoswasser

INGWERFEUER

SOMMER

Herzkrankheiten, hoher Cholesterinspiegel, Diabetes, Krebs, Osteoporose, Arthritis, Gicht, Allergien, Migräne, Entzündungen/Schmerzen, Autoimmunkrankheiten, Sehkraft, Gastrointestinaltrakt, Menstruation/PMS/Menopause/PCOS

NÄHRWERT PRO PORTION

200	kcal	**45 g**	Kohlenhydrate	**12 g**	Ballaststoffe
836	kJ	**0,5 g**	Fett	**28 g**	Zucker
8 g	Protein	**0 g**	gesättigtes Fett	**330 mg**	Natrium

ZUTATEN

- 1 Gurke
- 1 Handvoll Spinat
- 1 grüner Apfel, ohne Kerngehäuse
- 1 Handvoll frische Petersilie
- 2,5 cm Ingwerwurzel
- 225 ml Kokoswasser

GRÜNER BIRNENTRAUM

HERBST

Hoher Cholesterinspiegel, Schilddrüse, Krebs, Haut, Gastrointestinaltrakt, Osteoporose

NÄHRWERT PRO PORTION

413	kcal	**74 g**	Kohlenhydrate	**22 g**	Ballaststoffe
837	kJ	**16 g**	Fett	**38 g**	Zucker
6 g	Protein	**2 g**	gesättigtes Fett	**62 mg**	Natrium

ZUTATEN

2 Birnen, entsaftet
2 Handvoll Spinat
½ Gurke, entsaftet
½ Avocado
2,5 cm Zitronengras, gehackt (äußere Hülle entfernt)

ZUBEREITUNG

1. Einige Stunden vor dem Zubereiten des Smoothies sollten die Gurke entsaftet werden und der Saft in einem Eiswürfelbereiter eingefroren werden. (Die Verwendung von gefrorenem Saft statt Eiswürfeln aus Wasser verhindert ein Verwässern des Safts!)
2. Birnen entsaften.
3. Birnensaft, Spinat, Avocado, Zitronengras und Gurkensaft-Eiswürfel in den Mixer geben.

HONIGTAU-AMBROSIA

SOMMER

Herzkrankheiten, Schlaganfall, Arthritis, Gicht, Migräne, Entzündungen/Schmerzen, Abwehrkräfte, Gastrointestinaltrakt, Menstruation/PMS/Menopause/PCOS

NÄHRWERT PRO PORTION

150	kcal	**35 g**	Kohlenhydrate	**9 g**	Ballaststoffe
627	kJ	**0 g**	Fett	**22 g**	Zucker
3 g	Protein	**0 g**	gesättigtes Fett	**400 mg**	Natrium

ZUTATEN

3 Handvoll Spinat (ca. 110 g)
¼ Honigmelone, ohne Schale (ca. 200 g)
225 ml Kokoswasser
1 Handvoll Eiswürfel

PINK POM-POM

WINTER

Herzkrankheiten, Diabetes, Krebs, Osteoporose, Arthritis, Gicht, Migräne, Entzündungen/Schmerzen, Sehkraft, Abwehrkräfte, Gedächtnis, Leber

NÄHRWERT PRO PORTION

350	kcal	**78 g**	Kohlenhydrate	**18 g**	Ballaststoffe
1.463	kJ	**4 g**	Fett	**57 g**	Zucker
9 g	Protein	**1 g**	gesättigtes Fett	**280 mg**	Natrium

ZUTATEN

230 g Granatapfelkerne
1 Navel Orange, geschält
225 ml Kokoswasser
1 große Handvoll Spinat

WER HAT DIE KOKOSNUSS GEKLAUT?

FRÜHLING

Herzkrankheiten, Schlaganfall, hoher Cholesterinspiegel, Diabetes, Krebs, Gicht, Sehkraft, Abwehrkräfte, Gedächtnis, Gastrointestinaltrakt, Menstruation/PMS/Menopause/PCOS

NÄHRWERT PRO PORTION

140	kcal	**34 g**	Kohlenhydrate	**7 g**	Ballaststoffe
585	kJ	**1 g**	Fett	**16 g**	Zucker
4 g	Protein	**0,5 g**	gesättigtes Fett	**330 mg**	Natrium

ZUTATEN

Saft einer Limette
225 ml Kokoswasser
½ Banane
2 Handvoll Spinat
1 Handvoll Eiswürfel (3 oder 4 Würfel)

RAZ-AVOCADO

SOMMER

Herzkrankheiten, Schlaganfall, hoher Cholesterinspiegel, Diabetes, Krebs, Arthritis, Gicht, Allergien, Schilddrüse, Sehkraft, Haut, Abwehrkräfte, Gedächtnis

NÄHRWERT PRO PORTION

320	kcal	**42 g**	Kohlenhydrate	**20 g**	Ballaststoffe
1.338	kJ	**16 g**	Fett	**14 g**	Zucker
7 g	Protein	**2,5 g**	gesättigtes Fett	**270 mg**	Natrium

ZUTATEN

150 g Himbeeren, frisch oder gefroren
200 g Erdbeeren, frisch oder gefroren
½ Avocado
1 Handvoll Rauke
225 ml Kokoswasser

SÜSSER BASILIKUM

FRÜHLING/SOMMER

Herzkrankheiten, hoher Cholesterinspiegel, Diabetes, Krebs, Osteoporose, Entzündungen/Schmerzen, Schilddrüse, Sehkraft, Abwehrkräfte, Gedächtnis

NÄHRWERT PRO PORTION

200	kcal	**45 g**	Kohlenhydrate	**8 g**	Ballaststoffe
836	kJ	**0,5 g**	Fett	**32 g**	Zucker
8 g	Protein	**0 g**	gesättigtes Fett	**270 mg**	Natrium

ZUTATEN

¼ Ananas, ohne Kern und Schale
1 Gurke
1 Handvoll frisches Basilikum
225 ml Kokoswasser
1 Handvoll Eiswürfel (3 oder 4 Würfel)

KAROTTENTRAUM

HERBST/WINTER

Schlaganfall, Sehkraft, Haut, Abwehrkräfte, Bewegung, Migräne, Allergien, Bluthochdruck, Schilddrüse

NÄHRWERT PRO PORTION

321	kcal	78 g	Kohlenhydrate	17 g	Ballaststoffe
837	kJ	1 g	Fett	33 g	Zucker
6 g	Protein	0 g	gesättigtes Fett	212 mg	Natrium

ZUTATEN

1 große Süßkartoffel, entsaftet
4 Karotten, entsaftet
1 Banane
1 Dattel, ohne Stein
1 Prise Zimt

ZUBEREITUNG

1. Einige Stunden vor dem Zubereiten des Smoothies sollte die Süßkartoffel entsaftet werden und der Saft in einem Eiswürfelbereiter eingefroren werden. (Die Verwendung von gefrorenem Saft statt Eiswürfeln aus Wasser verhindert ein Verwässern des Safts!)
2. Karotten entsaften.
3. Karottensaft, gefrorenen Süßkartoffelsaft, Banane und Dattel in den Mixer geben.
4. Zimt nach Belieben zugeben.

SALATE

GRÜNKOHL-KÜRBIS-SALAT MIT PETERSILIEN-GREMOLATA

SOMMER

Herzkrankheiten, Schlaganfall, hoher Cholesterinspiegel, Diabetes, Krebs, Osteoporose, Allergien, Entzündungen/Schmerzen, Autoimmunkrankheiten, Abnehmen/Adipositas, Haut, Abwehrkräfte, Gedächtnis, Leber, Gallenblase

Ergibt 4 Portionen

NÄHRWERT PRO PORTION

140	kcal	**29 g**	Kohlenhydrate	**7 g**	Ballaststoffe
585	kJ	**2 g**	Fett	**7 g**	Zucker
10 g	Protein	**0 g**	gesättigtes Fett	**105 mg**	Natrium

ZUTATEN

1 Kopf Grünkohl, ohne Stiele, Blätter grob gehackt
1 großer gelber Kürbis, in Scheiben oder Halbmonde geschnitten
1 große Zucchini, in Scheiben geschnitten
2 Knoblauchzehen, gehackt
1 große Handvoll frische Petersilie, fein gehackt
1 Zitrone (Saft)
Meersalz und frisch gemahlener Pfeffer nach Belieben

ZUBEREITUNG

1. Grünkohlblätter mit etwas Wasser in eine Pfanne geben und mit Deckel ca. 3–5 Minuten dämpfen.
2. Sobald die Blätter zusammengefallen sind, geschnittenen Kürbis- und Zucchinistücke in die Pfanne geben und bei mittlerer Hitze ca. 5–7 Minuten garen, bis die Stücke gerade beginnen weich zu werden. In eine Schüssel geben.
3. Knoblauch sehr fein hacken und mit Petersilie, Zitronensaft, Salz und Pfeffer verrühren.
4. Grünkohl und Zucchini mit der Petersilien-Gremolata anmachen und warm oder bei Raumtemperatur servieren

AVOCADO CAPRESE SALAT

SOMMER

Herzkrankheiten, Schlaganfall, hoher Cholesterinspiegel, Diabetes, Krebs, Arthritis, Gicht, Migräne, Entzündungen/Schmerzen, Schilddrüse, Sehkraft, Haut, Abwehrkräfte, Gedächtnis, Menstruation/PMS/Menopause/PCOS

Ergibt als leichte Mahlzeit 2 Portionen oder als Vorspeise 4 Portionen

NÄHRWERT PRO PORTION

240	kcal	**16 g**	Kohlenhydrate	**10 g**	Ballaststoffe
1.003	kJ	**20 g**	Fett	**6 g**	Zucker
4 g	Protein	**3 g**	gesättigtes Fett	**20 mg**	Natrium

ZUTATEN

2	große Tomaten
½	Avocado
8–16	frische Basilikumblätter
2 TL	Olivenöl
2 EL	Balsamico-Essig, nach Belieben
1 Prise	Himalaya-Salz und frisch gemahlener Pfeffer (nach Belieben)

ZUBEREITUNG

1. Tomaten gut waschen und die Enden abschneiden. Jede Tomate in vier dicke Scheiben schneiden.
2. Avocado in Scheiben schneiden, die Tomatenscheiben auf einem Teller anrichten und die Avocadoscheiben darauf verteilen (ca. 2 Scheiben pro Tomate).
3. Auf jede Tomatenscheibe 1–2 Basilikumblätter geben, etwas Olivenöl, Balsamico-Essig, Himalaya-Salz und frisch gemahlenen Pfeffer darübergeben.
4. Als Vorspeise oder leichte Mahlzeit servieren.

BUNTER SCHLECHT-WETTER-SALAT

HERBST/WINTER

Krebs, Arthritis, Gicht, Entzündungen/Schmerzen, Sehkraft, Haut, Abwehrkräfte, Gedächtnis, Leber, Menstruation/PMS/Menopause/PCOS, Gallenblase

Ergibt 4 Portionen

NÄHRWERT PRO PORTION

210	kcal	**32 g**	Kohlenhydrate	**8 g**	Ballaststoffe
878	kJ	**8 g**	Fett	**8 g**	Zucker
7 g	Protein	**1 g**	gesättigtes Fett	**100 mg**	Natrium

ZUTATEN

1 Butternusskürbis, in kleine Würfel geschnitten
1 große Rote Bete oder 2 kleine, geschält und fein gewürfelt
110 g Rosenkohl, Röschen halbiert
1 EL Kokosöl
1 Bund Grünkohlblätter
2 EL Olivenöl
2 EL Balsamico-Essig

ZUBEREITUNG

1. Ofen auf 230 °C/Gas Stufe 8 vorheizen.
2. Kürbis, Rote Bete und Rosenkohl auf einem Backblech verteilen, mit Kokosöl beträufeln (wenn Ihre Küche kühl ist, muss das Kokosöl evtl. erst verflüssigt werden, indem das Glas in heißes Wasser gestellt wird) und vermengen. Im Ofen ca. 45 Minuten garen bzw. bis das Gemüse gar ist.
3. Während das Gemüse im Ofen gart, den Grünkohl von den Stielen befreien und in kleine Stücke reißen. In eine große Schüssel geben.
4. Olivenöl und Balsamico-Essig in eine kleine Schüssel geben und beiseitestellen.
5. Das gegarte Gemüse zum Grünkohl geben und vermengen. Dressing zugeben und erneut vermengen. Warm servieren.

CRANBERRY- UND BLATTKOHLSALAT

HERBST/WINTER

Diabetes, Osteoporose, Gicht, Allergien, Entzündungen/Schmerzen, Schilddrüse, Sehkraft, Haut, Abwehrkräfte, Gedächtnis, Menstruation/PMS/Menopause/PCOS, Gallenblase

Ergibt 4 Portionen

NÄHRWERT PRO PORTION

90	kcal	**23 g**	Kohlenhydrate	**5 g**	Ballaststoffe
376	kJ	**0 g**	Fett	**14 g**	Zucker
2 g	Protein	**0 g**	gesättigtes Fett	**10 mg**	Natrium

ZUTATEN

16 Blätter Blattkohl (die Stiele im nächsten grünen Saft verwenden)
1 Orange
1 EL geriebene Orangenschale
1 Apfel (eine süße Sorte ist am besten geeignet)
220 g frische oder gefrorene Cranberries
1 EL Honig (optional)

ZUBEREITUNG

1. Die Stiele vom Blattkohl entfernen und klein schneiden. In eine Schüssel geben.
2. Orangenschale abreiben und anschließend die Orange schälen.
3. Orange und Apfel entsaften.
4. Cranberries und Honig (optional) in die Küchenmaschine geben und zu einer groben Masse verarbeiten. Den Orangen-Apfel-Saft nach und nach hinzugeben.
5. Das Cranberry-Orangen-Apfel-Dressing über den klein geschnittenen Blattkohl geben, die Orangenschale über den Salat streuen und sofort servieren.

IMMERGRÜN-SALAT

WINTER

Herzkrankheiten, Schlaganfall, hoher Cholesterinspiegel, Krebs, Osteoporose, Arthritis, Migräne, Autoimmunerkrankungen, Sehkraft, Abwehrkräfte, Gedächtnis, Leber, Gallenblase

Ergibt 2 Portionen

NÄHRWERT PRO PORTION

200	kcal	**30 g**	Kohlenhydrate	**9 g**	Ballaststoffe
836	kJ	**8 g**	Fett	**14 g**	Zucker
5 g	Protein	**1 g**	gesättigtes Fett	**110 mg**	Natrium

ZUTATEN

- 4 Blätter Grünkohl
- 4 große Handvoll Spinat
- 6 Kumquats oder 3 Clementinen
- 110 g Granatapfelkerne
- 1 EL Olivenöl
- 2 EL Balsamico-Essig

ZUBEREITUNG

1. Stiele vom Grünkohl entfernen und die Blätter in kleine Stücke reißen. Spinat und klein gerissenen Grünkohl in eine große Schüssel geben und vermengen.
2. Kumquats in dünne Ringe schneiden und zusammen mit den Granatapfelkernen in die Schüssel geben.
3. Olivenöl und Balsamico-Essig in einer kleinen Schüssel verrühren. Über den Salat geben und vermengen, sodass die Blätter bedeckt sind. Mindestens 15 Minuten im Kühlschrank stehen lassen, damit die Blätter weicher werden.
4. Auf zwei Teller verteilen und servieren.

FRISCHER-FENCHEL-UND-AVOCADO-SALAT

SOMMER/HERBST

Herzkrankheiten, Schlaganfall, hoher Cholesterinspiegel, Diabetes, Krebs, Arthritis, Gicht, Migräne, Entzündungen/Schmerzen, Sehkraft, Abwehrkräfte, Gedächtnis, Gastrointestinaltrakt

Ergibt eine Portion

NÄHRWERT PRO PORTION

430	kcal	43 g	Kohlenhydrate	17 g	Ballaststoffe
1.797	kJ	29 g	Fett	18 g	Zucker
9 g	Protein	4 g	gesättigtes Fett	115 mg	Natrium

ZUTATEN

- ½ Orange
- ½ Avocado
- 6 Blätter Römersalat
- ¼ Kopf kleiner Rotkohl, in feinen Scheiben
- ¼ Fenchelknolle, in feinen Scheiben

Für das Dressing (ausreichend für vier Portionen)

- 1 Handvoll frische Basilikumblätter
- 1 Knoblauchzehe, gehackt
- 2 TL Honig (optional)
- 4 EL Olivenöl
- ½ Zitrone (Saft)
- 1 EL Apfelweinessig
- Meersalz und frisch gemahlener Pfeffer nach Belieben

ZUBEREITUNG

1. Orange schälen und in Stücke zerteilen, möglichst viel weiße Haut entfernen.
2. Avocado halbieren, das Fleisch der Hälfte ohne Stein herauslösen und in Scheiben schneiden. Die andere Hälfte mit Stein im Kühlschrank aufbewahren.
3. Als Nächstes das Dressing zubereiten. Basilikumblätter, Knoblauch, Honig, Olivenöl, Zitronensaft, Essig, Salz und Pfeffer in einen Mixer oder in eine Küchenmaschine geben. Glatt rühren.
4. Salat klein schneiden und in eine Schüssel geben. Kohl, Fenchel, Orange und Avocado zugeben und vermengen.
5. Zwei Esslöffel Dressing darübergeben und gut vermengen. Das restliche Dressing hält sich im Kühlschrank bis zu 5 Tage.

GRÜNER SALAT MIT GUACAMOLE

SOMMER

Diabetes, Krebs, Migräne, Entzündungen/Schmerzen, Abnehmen/Adipositas, Sehkraft, Haut, Gedächtnis, Gastrointestinaltrakt, Leber, Menstruation/PMS/Menopause/PCOS, Gallenblase

Ergibt 4 Portionen

NÄHRWERT PRO PORTION

160	kcal	**10 g**	Kohlenhydrate	**8 g**	Ballaststoffe
669	kJ	**14 g**	Fett	**2 g**	Zucker
2 g	Protein	**2 g**	gesättigtes Fett	**20 mg**	Natrium

ZUTATEN

- 2 reife Avocados, gewürfelt
- 1 Flaschentomate, entkernt und gewürfelt
- ¼ mittelgroße rote Zwiebel, fein gewürfelt
- ½ Jalapeño, entkernt und gehackt
- Saft einer ½ Limette
- 2 EL frischer Koriander, gehackt
- ¼ TL gemahlene Kreuzkümmelsamen
- 1 Prise Cayennepfeffer (oder mehr)
- Kosheres Salz nach Belieben
- 2 große Handvoll Spinat

ZUBEREITUNG

1. Alle Zutaten gründlich waschen und wie angegeben zubereiten.
2. Guacamole: Alle Zutaten (bis auf den Spinat) in eine Schüssel geben und mit einem Kartoffelstampfer oder einer Gabel zermusen. Abschmecken.
3. Guacamole über den Spinat geben.
4. Guacamole zum Aufbewahren in einen luftdicht verschlossenen Behälter geben. Mit Frischhaltefolie abdecken, die Folie auf die Guacamole drücken, sodass möglichst wenig Luft mit der Guacamole in Berührung kommt und dann den Behälter mit einem Deckel verschließen. Dadurch wird die Verfärbung der Guacamole aufgrund der Oxidation minimiert.

GRÜNKOHLSALAT

SOMMER

Herzkrankheiten, Schlaganfall, hoher Cholesterinspiegel, Diabetes, Krebs, Osteoporose, Allergien, Autoimmunkrankheiten, Abnehmen/Adipositas, Sehkraft, Haut, Abwehrkräfte, Gastrointestinaltrakt, Leber

Ergibt 4 Portionen

NÄHRWERT PRO PORTION

370	kcal	**40 g**	Kohlenhydrate	**9 g**	Ballaststoffe
1.547	kJ	**23 g**	Fett	**22 g**	Zucker
6 g	Protein	**3 g**	gesättigtes Fett	**70 mg**	Natrium

ZUTATEN

1 großer Kopf Grünkohl, nur die Blätter (Stiele zum Entsaften aufbewahren)
½ rote Zwiebel, gehackt
2 Karotten, geschält und in dünne Scheiben geschnitten
1 Handvoll getrocknete Cranberries oder Blaubeeren
1 rote Paprika, ohne Kerne und klein geschnitten
1 Gurke, geviertelt und klein geschnitten
1 Avocado, gewürfelt
370 g Kirschtomaten (oder eine andere Art), halbiert
1 große Handvoll Gojibeeren (optional)
4 EL Olivenöl
4 EL Zitronensaft

ZUBEREITUNG

1. Grünkohlblätter in kleine Stücke reißen und in eine große Salatschüssel geben. Gemüse, Avocado und Beeren zugeben. Gut vermengen.
2. Olivenöl und Zitronensaft in einer kleinen Schüssel vermengen, über den Salat geben und gut vermengen.
3. Vor dem Servieren ca. 10–15 Minuten im Kühlschrank »marinieren« lassen.

RÖSTKAROTTEN-AVOCADO-SALAT

SOMMER/HERBST

Herzkrankheiten, Schlaganfall, hoher Cholesterinspiegel, Arthritis, Migräne, Sehkraft, Haut, Gedächtnis, Gastrointestinaltrakt, Leber, Menstruation/PMS/Menopause/PCOS, Gallenblase

Ergibt 2 Portionen

NÄHRWERT PRO PORTION

360	kcal	**27 g**	Kohlenhydrate	**11 g**	Ballaststoffe
1.505	kJ	**28 g**	Fett	**8 g**	Zucker
6 g	Protein	**4 g**	gesättigtes Fett	**110 mg**	Natrium

ZUTATEN

4 große Karotten, der Länge nach geviertelt
2 EL Olivenöl
1 EL gemahlener Kreuzkümmel
1 TL rote Chiliflocken
1 Avocado, in Scheiben
1 Zitrone (Saft)
90 g Rauke
1 Bund Spinat
Meersalz und frisch gemahlener Pfeffer nach Belieben

ZUBEREITUNG

1. Ofen auf 190 °C/Gas Stufe 5 vorheizen.
2. Karotten in eine Rührschüssel geben, ½–1 EL Olivenöl, Kreuzkümmel, rote Chiliflocken, Salz und Pfeffer hinzugeben und gut vermengen.
3. Karotten in einer feuerfesten Form verteilen und im Ofen 25–30 Minuten rösten, bis sie leicht braun sind. Nach der Hälfte der Zeit die Karotten wenden.
4. Dressing: Zitronensaft, restliches Olivenöl, Salz und Pfeffer nach Belieben verrühren.
5. Karotten aus dem Ofen nehmen, mit dem Spinat, der Rauke und der Avocado vermengen und das Dressing darübergeben. Servieren und genießen!

MANGO-AVOCADO-TOMATEN-SALAT

SOMMER

Herzkrankheiten, Schlaganfall, hoher Cholesterinspiegel, Krebs, Migräne, Entzündungen/Schmerzen, Autoimmunkrankheiten, Schilddrüse, Sehkraft, Haut, Abwehrkräfte, Gedächtnis, Gallenblase

Ergibt eine Portion

NÄHRWERT PRO PORTION

280	kcal	**32 g**	Kohlenhydrate	**8 g**	Ballaststoffe
1.170	kJ	**18 g**	Fett	**23 g**	Zucker
3 g	Protein	**2,5 g**	gesättigtes Fett	**10 mg**	Natrium

ZUTATEN

- ½ Avocado, grob klein geschnitten
- ½ Mango, grob klein geschnitten
- 110 g Kirschtomaten, halbiert
- 1 EL Olivenöl
- 1 EL Zitronensaft
- 1 Knoblauchzehe, gehackt
- ½ EL roher Honig (optional)
- Meersalz und frisch gemahlener Pfeffer nach Belieben

ZUBEREITUNG

1. Avocado, Mango und Kirschtomaten wie angegeben zubereiten, Knoblauch hacken.
2. Avocado, Mango und halbierte Tomaten in eine große Schüssel geben.
3. Olivenöl, Zitronensaft, Knoblauch, Honig (optional), Salz und Pfeffer in eine kleine Schüssel geben und zu einer Emulsion verarbeiten. Dressing über den Salat geben und gut vermengen.
4. Salat vor dem Servieren 1 Stunde oder länger im Kühlschrank aufbewahren.

WASSERMELONE-MINZE-SALAT

SOMMER

Herzkrankheiten, Diabetes, Krebs, Osteoporose, Migräne, Sehkraft, Abwehrkräfte, Gedächtnis, Gastrointestinaltrakt, Menstruation/PMS/Menopause/PCOS

Ergibt 2 Portionen

NÄHRWERT PRO PORTION

340	kcal	**54 g**	Kohlenhydrate	**8 g**	Ballaststoffe
1.421	kJ	**15 g**	Fett	**36 g**	Zucker
7 g	Protein	**2 g**	gesättigtes Fett	**95 mg**	Natrium

ZUTATEN

- 4 große Handvoll Spinat
- ¼ Wassermelone, in kleine Würfel geschnitten
- 1 große Handvoll frischer Minze
- 110 g Zuckerschoten, in Stücke geschnitten
- 1 Limette (Saft)
- 1 EL abgeriebene Limettenschale
- 2 EL Olivenöl

ZUBEREITUNG

1. Spinat, Wassermelone, Minze und Zuckerschoten in eine große Schüssel geben.
2. Limette abreiben und dann entsaften.
3. Olivenöl, Limettensaft und Limettenschale in eine Schüssel geben und gut vermengen. Dressing über den Salat geben und gut vermengen.
4. Im Kühlschrank aufbewahren.
5. Gut gekühlt servieren.

SUPPEN

BLUMENKOHLSUPPE

SOMMER/HERBST

Herzkrankheiten, Krebs, Allergien, Autoimmunkrankheiten, Leber, Gallenblase

Ergibt 4 Portionen

NÄHRWERT PRO PORTION

120	kcal	**13 g**	Kohlenhydrate	**4 g**	Ballaststoffe
502	kJ	**7 g**	Fett	**6 g**	Zucker
3 g	Protein	**1 g**	gesättigtes Fett	**480 mg**	Natrium

ZUTATEN

- 1 l salzarme Gemüsebrühe
- 1 Kopf Blumenkohl, in Röschen zerteilt
- 2 EL extra natives Olivenöl
- 1 gelbe Zwiebel, gehackt
- 1 TL Kokos- oder Olivenöl, zum Sautieren
- Prise Himalaya-Salz und frisch gemahlener schwarzer Pfeffer, nach Belieben

ZUBEREITUNG

1. Gemüsebrühe in einem großen Topf aufkochen, Blumenkohlröschen und Olivenöl zugeben und mindestens 10 Minuten weich kochen.
2. Während der Blumenkohl kocht, die Zwiebel in Kokos- oder Olivenöl ca. 5 Minuten glasig dünsten.
3. Nach dem Garen Blumenkohl und Zwiebeln portionsweise in den Mixer geben und pürieren (oder einen Pürierstab verwenden).
4. Suppe wieder in den Topf geben und bei mittlerer Hitze aufwärmen.
5. In kleinen Schüsseln servieren. Etwas Olivenöl (optional) und Salz darübergeben und frisch gemahlenen Pfeffer.

CREMIGE PASTINAKENSUPPE

HERBST/WINTER

Herzkrankheiten, Krebs, Allergien, Autoimmunkrankheiten, Leber, Gallenblase

Ergibt 6 Portionen

NÄHRWERT PRO PORTION

210	kcal	**41 g**	Kohlenhydrate	**9 g**	Ballaststoffe
878	kJ	**5 g**	Fett	**15 g**	Zucker
3 g	Protein	**1 g**	gesättigtes Fett	**170 mg**	Natrium

ZUTATEN

- 1 Knoblauchknolle
- 2 EL Olivenöl, und etwas zum Beträufeln
- 1 große weiße Zwiebel, gewürfelt
- 2 Stangen Sellerie
- ½ TL Kosheres Salz
- 900 g Pastinaken, geschält und in 5 cm große Stücke geschnitten
- 1 große Kartoffel, geschält und in 5 cm große Stücke geschnitten
- 1½ l salzarme Gemüsebrühe
- 3 Lorbeerblätter
- Kosheres Salz und frisch gemahlener weißer Pfeffer nach Belieben
- Paprikapulver zum Bestäuben

ZUBEREITUNG

1. Den Ofen auf 200 °C/Gas Stufe 6 vorheizen.
2. Das Oberteil der Knoblauchknolle abschneiden, sodass die Knoblauchzehen sichtbar werden. Mit der Schnittfläche nach oben auf ein Stück Alufolie setzen. Etwas Olivenöl über die sichtbaren Knoblauchzehen geben und die Alufolie um die Knoblauchknolle falten und oben verschließen, sodass sie »eingepackt« ist. Im Ofen 25 Minuten rösten lassen.
3. Alufolie öffnen und den Knoblauch abkühlen lassen. Sobald der Knoblauch kühl genug zum Anfassen ist, die Zehen aus ihrer Schale herausdrücken. 6 Zehen für die Suppe reservieren und den Rest im Kühlschrank aufbewahren.

4. Während der Knoblauch im Backofen gart, in einer großen Pfanne bei mittlerer Hitze 2 EL Olivenöl erhitzen. Zwiebel, Sellerie und Salz hineingeben und das Gemüse ca. 5 Minuten glasig und weich garen.
5. Pastinake, Kartoffel, Gemüsebrühe und Lorbeerblätter hineingeben und aufkochen. Hitze reduzieren und die Suppe zugedeckt ca. 45 Minuten köcheln lassen, bis das Gemüse weich ist.
6. Lorbeerblätter entfernen und die Suppe leicht abkühlen lassen. Suppe in einen Mixer geben. Gebackenen Knoblauch zugeben und pürieren. (Vorsicht, die Suppe ist heiß!) Oder den gebackenen Knoblauch zur Suppe in den Topf geben und einen Pürierstab verwenden. Mit koscherem Salz und weißem Pfeffer abschmecken.
7. Suppe in Schüsseln geben und mit Paprikapulver bestäuben.

KAROTTEN-AVOCADO-SUPPE

SOMMER/HERBST

Herzkrankheiten, Schlaganfall, Krebs, Arthritis, Migräne, Entzündungen/Schmerzen, Schilddrüse, Haut, Abwehrkräfte, Sehkraft

Ergibt 4 Portionen

NÄHRWERT PRO PORTION

290	kcal	**52 g**	Kohlenhydrate	**14 g**	Ballaststoffe
1.214	kJ	**8 g**	Fett	**17 g**	Zucker
6 g	Protein	**1 g**	gesättigtes Fett	**450 mg**	Natrium

ZUTATEN

500 ml	frischer Karottensaft in Bio-Qualität
1½	große Avocados (½ zum Garnieren)
1 EL	frischer Ingwer, gehackt
½ TL	Knoblauch, gehackt
¼ TL	Cayennepfeffer (oder mehr)
1 EL	Zitronensaft
1	Jalapeño, ohne Kerne
5	frische süße Minzeblätter, ohne Stiele
15–20	mittelgroße Basilikumblätter, ohne Stiele
1 Prise	rosa Himalaya-Salz

ZUBEREITUNG

1. Alle Zutaten in den Mixer geben.
2. Glatt rühren.
3. Abschmecken, würzen und auf dem Herd erhitzen. An einem heißen Sommertag schmeckt diese Suppe auch bei Raumtemperatur bzw. leicht gekühlt.
4. Mit Avocadoscheiben und einem Minze- oder Basilikumblatt garnieren.

▶ (Ich bedanke mich bei Angela Von Buelow, Co-Moderatorin von JuicingRadio.com, für dieses Rezept.)

WASSERMELONEN-GAZPACHO

SOMMER

Herzkrankheiten, Schlaganfall, Krebs, Arthritis, Migräne, Entzündungen/Schmerzen, Schilddrüse, Abnehmen, Haut, PCOS, Menstruation

Ergibt 6 Portionen

NÄHRWERT PRO PORTION

168	kcal	**18 g**	Kohlenhydrate	**3 g**	Ballaststoffe
703	kJ	**11 g**	Fett	**12 g**	Zucker
3 g	Protein	**1 g**	gesättigtes Fett	**201 mg**	Natrium

ZUTATEN

- 680 g kernlose Wassermelone, grob klein geschnitten
- 680 g reife Sommertomaten, gewürfelt
- 2 kleine Gurken, geschält und grob klein geschnitten
- 1 Handvoll frische Basilikumblätter, grob gehackt
- 4 EL Olivenöl
- ¼ mittelgroße rote Zwiebel, grob gehackt
- 2 Knoblauchzehen, grob gehackt
- 2 EL Rotweinessig
- 1 ½ TL Himalaya-Salz
- ½ TL Kreuzkümmel (optional)
- Cayennepfeffer (optional)

Zum Garnieren

- 40 g gewürfelte Gurke in Bio-Qualität
- 70 g gewürfelte kernlose Wassermelone
- Frisches Basilikum
- Olivenöl

ZUBEREITUNG

1. Alle Zutaten in eine große Schüssel geben, vermengen und 20 Minuten marinieren lassen.
2. Gemüse portionsweise in den Mixer geben und pürieren oder einen Pürierstab verwenden; evtl. Wasser zugeben, bis die gewünschte Konsistenz erreicht ist.
3. Vor dem Servieren mindestens 30 Minuten kühl stellen.
4. Gekühlt mit den genannten Garnierungen servieren.

▸ (Ich bedanke mich bei Angela Von Buelow, Co-Moderatorin von JuicingRadio.com, für dieses Rezept.)

WÜRZIGE WURZELSUPPE

HERBST/WINTER

Herzkrankheiten, Krebs, Arthritis, Gicht, Allergien, Migräne, Entzündungen/Schmerzen, Autoimmunkrankheiten, Abnehmen/Adipositas, Sehkraft, Abwehrkräfte, Leber, Menstruation/PMS/Menopause/PCOS, Gallenblase

Ergibt 6 Portionen

NÄHRWERT PRO PORTION

250	kcal	**29 g**	Kohlenhydrate	**7 g**	Ballaststoffe
1.045	kJ	**13 g**	Fett	**10 g**	Zucker
6 g	Protein	**2 g**	gesättigtes Fett	**190 mg**	Natrium

ZUTATEN

2 EL Olivenöl
1 große süße Zwiebel, gewürfelt
1 Lauchstange, in Ringen
5 Knoblauchzehen, gehackt
1 große Süßkartoffel, geschält und gewürfelt
2 große Pastinaken, geschält und klein geschnitten
5 große Karotten, geschält und klein geschnitten
1/4 Jalapeñoschote, ohne Kerne und gehackt (optional)
2 l salzarme Gemüsebrühe
1–2 EL Currypulver
1 TL Kurkuma
10 cm frische Ingwerwurzel, geschält und gerieben
3 EL frischer Salbei, gehackt
Schwarzer Pfeffer nach Belieben

ZUBEREITUNG

1. Olivenöl bei mittlerer Hitze in einem Topf erhitzen. Zwiebeln, Lauch und Knoblauch ca. 5 Minuten dünsten. Zwiebeln und Knoblauch dürfen nicht braun werden.
2. Erst Süßkartoffeln, Pastinaken, Karotten, Jalapeño und Gewürze und dann die Gemüsebrühe und das Wasser zugeben. Zugedeckt köcheln lassen, bis das Gemüse weich ist (eine Gabel sollte sich leicht hineinstechen lassen), ca. 30 Minuten.
3. Portionsweise in einen Mixer geben und pürieren.
4. Suppe wieder zurück in den Topf geben und bei mittlerer Hitze einige Minuten erwärmen.
5. Warm servieren.

BEILAGEN

CAPRESE-GRÜNKOHL-SAUTÉ

SOMMER

Herzkrankheiten, Schlaganfall, hoher Cholesterinspiegel, Diabetes, Krebs, Osteoporose, Gicht, Allergien, Migräne, Autoimmunkrankheiten, Sehkraft, Haut, Abwehrkräfte, Gedächtnis, Leber, Menstruation/PMS/Menopause/PCOS, Gallenblase

Ergibt 2 Portionen

NÄHRWERT PRO PORTION

60	kcal	**9 g**	Kohlenhydrate	**2 g**	Ballaststoffe
251	kJ	**3 g**	Fett	**1 g**	Zucker
3 g	Protein	**0 g**	gesättigtes Fett	**30 mg**	Natrium

ZUTATEN

3 TL	Olivenöl
2	Knoblauchzehen, gehackt
110 g	Kirschtomaten, halbiert
450 g	Grünkohlblätter
½ TL	getrocknetes Basilikum
1 Prise	Meersalz und Pfeffer nach Belieben

ZUBEREITUNG

1. Eine Sautierpfanne bei mittlerer Hitze anwärmen und Olivenöl hineingeben. Tomaten ca. 5 Minuten sautieren, dann Knoblauch hinzufügen. Garen, bis der Knoblauch zu duften beginnt, ca. 3 Minuten.
2. Grünkohl zugeben, Pfanne zudecken und ca. 5 Minuten weitergaren, bis der Grünkohl gar, aber nicht zusammengefallen ist. Salz, Pfeffer und Basilikum in die Pfanne geben und gut unterrühren.
3. Pfanne vom Herd nehmen und sofort servieren.

GRÜNKOHL-CHIPS

WINTER/FRÜHLING/ SOMMER/HERBST

Herzkrankheiten, Schlaganfall, hoher Cholesterinspiegel, Diabetes, Krebs, Osteoporose, Gicht, Allergien, Migräne, Entzündungen/Schmerzen, Sehkraft, Haut, Abwehrkräfte, Gedächtnis, Leber, Menstruation/ PMS/Menopause/PCOS, Gallenblase

Ergibt 4 Portionen

NÄHRWERT PRO PORTION

90	kcal	**7 g**	Kohlenhydrate	**1 g**	Ballaststoffe
376	kJ	**7 g**	Fett	**0 g**	Zucker
2 g	Protein	**1 g**	gesättigtes Fett	**200 mg**	Natrium

ZUTATEN

1 Bund Grünkohl, ohne Stiele und grob in Stücke gerissen
2 EL Olivenöl
Meersalz nach Belieben

ZUBEREITUNG

1. Ofen auf 150 °C/Gas Stufe 2 vorheizen.
2. Grünkohl und Olivenöl in einer großen Schüssel vermengen; Meersalz darüberstreuen. Auf einem Backblech verteilen und ca. 15 Minuten backen, bis der Grünkohl knackig ist.

FRÜHLINGSGRÜN MIT GARAM MASALA

FRÜHLING

Krebs, Arthritis, Abnehmen, Entzündung/Schmerzen, Diabetes, PCOS, Sehkraft, Haut, Abwehrkräfte, Leber, Osteoporose, Gastrointestinaltrakt

Ergibt 2 Portionen

NÄHRWERT PRO PORTION

370	kcal	**26 g**	Kohlenhydrate	**16 g**	Ballaststoffe
1.003	kJ	**4 g**	Fett	**2 g**	Zucker
11 g	Protein	**0 g**	gesättigtes Fett	**90 mg**	Natrium

ZUTATEN

900 g	Blattkohl (Kohlblätter), ohne Rippen und klein geschnitten
1,5 TL	Garam Masala*
1 TL	Kurkuma
4 EL	Traubenkernöl, Olivenöl oder Kokosöl
2 EL	Senfkernöl
1 TL	Meersalz oder Himalaya-Salz
6 EL	frischer Koriander, gehackt

ZUBEREITUNG

1. Einen großen Topf oder eine Schmorpfanne bei mittlerer Hitze erwärmen.
2. Garam Masala und Kurkuma hineingeben und ca. 2 Minuten unter Rühren erwärmen, bis die Gewürze zu duften beginnen; die Gewürze dürfen nicht anbrennen.
3. Beide Ölsorten in die Pfanne geben und sicherstellen, dass Öl und Gewürze sich vollständig vermischen.
4. Blattkohl und Salz zugeben und vermengen.
5. Zugedeckt ca. 5 Minuten garen, bis die Kohlblätter zusammengefallen sind.
6. Vom Herd nehmen und den gehackten Koriander unterrühren.

*Garam Masala: Fertig gekauft oder wie folgt zubereiten:
Je 2 EL Kreuzkümmel, Koriander- und Kardamomsamen, 1 TL ganze Nelken, 2 EL schwarze Pfefferkörner, 1 kleine Zimtstange
Alle Zutaten in einer Gewürzmühle mahlen oder in einem Mörser zerstoßen.

KNOBLAUCH-BLUMENKOHL-STAMPF

SOMMER/HERBST

Arthritis, Allergien, Migräne, Entzündung/Schmerzen, Autoimmunkrankheiten, Abnehmen/Adipositas, Abwehrkräfte, Gedächtnis, Leber, Gallenblase

Ergibt 4 Portionen

NÄHRWERT PRO PORTION

100	kcal	**9 g**	Kohlenhydrate	**3 g**	Ballaststoffe
418	kJ	**7 g**	Fett	**4 g**	Zucker
2 g	Protein	**3 g**	gesättigtes Fett	**50 mg**	Natrium

ZUTATEN

1 Kopf Blumenkohl, in kleine Röschen geschnitten
1 EL Olivenöl
2 Knoblauchzehen, gehackt
2 EL Kokosöl
1 TL frischer Schnittlauch, in Röllchen geschnitten
1 TL Paprikapulver
Je ½ TL Meersalz und frisch gemahlener schwarzer Pfeffer

ZUBEREITUNG

1. Den Ofen auf 220 °C/Gas Stufe 7 vorheizen.
2. Blumenkohlröschen auf ein mit Backtrennpapier ausgelegtes Backblech legen. Mit Olivenöl beträufeln und je eine Prise Salz und Pfeffer darüberstreuen. In den Ofen geben und 20 Minuten backen, bzw. bis der Blumenkohl leicht gebräunt ist.
3. Gebackenen Blumenkohl, Knoblauch, Kokosöl und restliches Salz und Pfeffer in einem Mixer oder in einer Küchenmaschine pürieren.
4. Mit Schnittlauchröllchen und etwas Paprikapulver garnieren und servieren.

BIRNE-ROSENKOHL-TRAUM

HERBST/WINTER

Herzkrankheiten, Schlaganfall, hoher Cholesterinspiegel, Krebs, Osteoporose, Arthritis, Entzündungen/Schmerzen, Abnehmen/Adipositas, Abwehrkräfte, Gedächtnis, Gastrointestinaltrakt, Leber, Menstruation/PMS/Menopause/PCOS

Ergibt 2 Portionen

NÄHRWERT PRO PORTION

180	kcal	**29 g**	Kohlenhydrate	**8 g**	Ballaststoffe
334	kJ	**3,5 g**	Fett	**14 g**	Zucker
6 g	Protein	**0 g**	gesättigtes Fett	**70 mg**	Natrium

ZUTATEN

220 g	Rosenkohl, geputzt und halbiert
½	mittelgroße Birne, in kleine Würfel geschnitten
1 TL	Olivenöl
1 EL	getrocknete Cranberries
je 1 Prise	Salz und frisch gemahlener Pfeffer (oder nach Belieben)

ZUBEREITUNG

1. Den Ofen auf 220 °C/Gas Stufe 7 vorheizen.
2. Rosenkohl und Birnenwürfel in eine mit Aluminiumfolie ausgelegte Auflaufform aus Glas geben. Olivenöl, Salz und Pfeffer darübergeben.
3. Das Gemüse insgesamt ca. 25 Minuten im Ofen backen (bzw. bis der Rosenkohl bissfest und gebräunt ist) und alle 5–10 Minuten wenden. Aus dem Ofen nehmen, Cranberries zugeben und servieren!

HAUPT-GERICHTE

GEBACKENE ZUCCHINI MIT KRÄUTERN

SOMMER

Hoher Cholesterinspiegel, Krebs, Gicht, Entzündung/Schmerzen, Autoimmunkrankheiten, Schilddrüse, Abnehmen/Adipositas, Sehkraft, Haut, Abwehrkräfte, Gastrointestinaltrakt, Menstruation/PMS/Menopause/PCOS

Ergibt 4 Portionen

NÄHRWERT PRO PORTION

190	kcal	**13 g**	Kohlenhydrate	**4 g**	Ballaststoffe
795	kJ	**14 g**	Fett	**9 g**	Zucker
4 g	Protein	**2 g**	gesättigtes Fett	**45 mg**	Natrium

ZUTATEN

- 5 kleine Zucchini
- 4 Frühlingszwiebeln, in Ringe geschnitten, weiße und grüne Ringe trennen
- 1 kleine Zwiebel, gehackt
- 2 Flaschentomaten, ohne Kerne und grob gewürfelt
- 2 EL Staudenselleriebätter (von den inneren Stangen), klein geschnitten
- 4 EL Basilikumblätter, gehackt sowie einige zum Garnieren
- 125 ml Olivenöl
- 1 TL Meersalz
- ½ TL frisch gemahlener schwarzer Pfeffer

ZUBEREITUNG

1. Ofen auf 220 °C/Gas Stufe 7 vorheizen.
2. Zucchini halbieren. Jede halbe Zucchini der Länge nach halbieren und in 0,5 cm große Sticks schneiden bzw. auf einer Mandoline verarbeiten.
3. Zucchinisticks, weiße Frühlingszwiebelringe, Zwiebel, Tomaten, Sellerieblätter und Basilikum in eine Schüssel geben und vermengen.
4. Olivenöl, Salz und Pfeffer zugeben und vermengen.
5. In eine Auflaufform geben und 20 Minuten backen.
6. Mit den grünen Frühlingszwiebelringen und dem Basilikum garnieren.

GEFÜLLTER WINTERKÜRBIS

WINTER

Herzkrankheiten, Schlaganfall, hoher Cholesterinspiegel, Krebs, Osteoporose, Arthritis, Allergien, Entzündung/Schmerzen, Sehkraft, Haut, Abwehrkräfte, Gedächtnis, Gastrointestinaltrakt, Leber, Menstruation/PMS/Menopause/PCOS, Gallenblase

Ergibt 2 Portionen

NÄHRWERT PRO PORTION

200	kcal	**33 g**	Kohlenhydrate	**7 g**	Ballaststoffe
836	kJ	**6 g**	Fett	**11 g**	Zucker
8 g	Protein	**1 g**	gesättigtes Fett	**60 mg**	Natrium

ZUTATEN

- 1 kleiner bis mittelgroßer Hokkaidokürbis, Oberteil abgeschnitten und Kerne entfernt
- ½ mittelgroße gelbe Zwiebel, gehackt
- 110 g Kirschtomaten, halbiert
- 40 g weiße Champignons, in Scheiben
- 1 Handvoll Spinat
- 4 große Rosenkohlröschen, halbiert
- ½ TL getrocknetes Basilikum, zerstoßen
- Olivenöl, zum Beträufeln
- Meersalz und frisch gemahlener schwarzer Pfeffer nach Belieben

ZUBEREITUNG

1. Den Ofen auf 180 °C/Gas Stufe 4 vorheizen.
2. Zwiebeln, Tomaten, Pilze, Spinat und Rosenkohl in eine Rührschüssel geben. Mit Olivenöl beträufeln und Salz, Pfeffer und Basilikum darübergeben. Alle Zutaten in den Kürbis geben.
3. Den gefüllten Kürbis auf ein mit Backtrennpapier ausgelegtes Backblech legen und in den Ofen geben. Nach 90 Minuten prüfen, ob das Gemüse blubbernd kocht und das Kürbisfleisch weich wird. Der Kürbis sollte nach ca. 2 Stunden ganz gar sein.
4. Warm servieren.

SÜSSKARTOFFEL-BRATLINGE

HERBST/WINTER

Herzkrankheiten, Schlaganfall, Krebs, Arthritis, Migräne, Allergien, Haut, Abwehrkräfte, Sehkraft

Ergibt 3 Portionen

NÄHRWERT PRO PORTION

140	kcal	**16 g**	Kohlenhydrate	**4 g**	Ballaststoffe
586	kJ	**9 g**	Fett	**4 g**	Zucker
2 g	Protein	**1,5 g**	gesättigtes Fett	**30 mg**	Natrium

ZUTATEN

- 2 mittelgroße Süßkartoffeln, geschält und in gleich große Scheiben geschnitten (ca. 24 Scheiben)
- 12 weiße Champignonkappen (sollten ca. den Durchmesser der Süßkartoffelscheiben besitzen)
- Meersalz und frisch gemahlener Pfeffer nach Belieben
- Eventuell Kräuter (frisch, ansonsten getrocknet): Basilikum, Oregano, Old Bay-Gewürzmischung, Zimt, Kreuzkümmel, Chipotle, zerstoßener roter Pfeffer
- 2 TL Olivenöl

Aufstrich*

- 1 Avocado
- 1 EL Olivenöl
- 1 EL Wasser
- 2 Knoblauchzehen
- ¼ Zwiebel
- ¼ TL frisch gemahlener Pfeffer
- 1 Prise Meersalz (optional)
- 1 Spritzer Limettensaft

Zum Servieren

- 2 Grünkohlblätter, gehackt
- ¼ Gurke, in Scheiben (12 Scheiben)
- 1 Tomate, in Scheiben (12 Scheiben)
- ¼ rote Zwiebel, in Scheiben (12 Scheiben)

ZUBEREITUNG

1. Ofen auf 220 °C/Gas Stufe 7 vorheizen.
2. Süßkartoffel schälen und in gleichmäßig dicke Scheiben schneiden.
3. Stiele von den Pilzen entfernen.
4. Pilzkappen und Süßkartoffelscheiben auf je ein Backblech verteilen.
5. Olivenöl über die Süßkartoffelscheiben und Pilze träufeln.
6. Kräuter über die Süßkartoffelscheiben streuen. Experimentieren Sie mit verschiedenen Kombinationen herum (Old Bay-Gewürzmischung + schwarzer Pfeffer auf einige streuen, Basilikum + Oregano + schwarzer Pfeffer auf andere, oder Zimt + Kreuzkümmel, Chipotle + zerstoßener roter Pfeffer).
7. Pilze 10–15 Minuten backen, bis sie weich sind. Süßkartoffelscheiben ca. 20–25 Minuten, je nach deren Dicke, nach der Hälfte der Zeit umdrehen. Süßkartoffelscheiben sollten gar, aber bissfest sein.
8. Während das Gemüse gart, alle Zutaten für den Aufstrich in einen Mixer oder in eine Küchenmaschine geben und verarbeiten, bis die gewünschte Konsistenz erreicht ist.
9. Wenn die Süßkartoffeln und Pilze gar sind, abkühlen lassen und abgießen. Pilze tropfen am besten ab, wenn sie mit der Stielseite nach unten auf Küchenkrepp gesetzt werden.
10. Auf jede Süßkartoffelscheibe etwas Aufstrich geben. Einen Pilz hinzufügen und das Gemüse daraufgeben – Grünkohl, Salat, Gurke, Tomate, Zwiebel – genau wie ein Hamburger! Noch etwas Avocadoaufstrich daraufgeben. Eine weitere Süßkartoffelscheibe daraufsetzen. So lange fortfahren, bis alle Süßkartoffeln aufgebraucht sind. Es bleibt wahrscheinlich etwas Avocadoaufstrich übrig; er passt hervorragend als Dip zu rohem Gemüse wie Karotten, Selleriestangen oder Paprika.

*Ein süßeres Aroma erzielt man, wenn pürierter Butternusskürbis, gewürzt mit Kreuzkümmel und Zimt, statt des Avocadoaufstrichs verwendet wird.
Nach dem Reboot sollten Sie auch Hummus, Cashewkäse, Bohnenmus oder Edamamemus zusammen mit oder statt des Avocadoaufstrichs verwenden – auf diese Weise nehmen Sie mehr Protein auf.

TOMATEN-BASILIKUM-SPAGHETTIKÜRBIS

HERBST

Herzkrankheiten, Schlaganfall, hoher Cholesterinspiegel, Krebs, Osteoporose, Arthritis, Gicht, Autoimmunkrankheiten, Haut, Abwehrkräfte, Gedächtnis, Gastrointestinaltrakt, Menstruation/PMS/Menopause/PCOS

Ergibt 3 Portionen

NÄHRWERT PRO PORTION

180	kcal	**31 g**	Kohlenhydrate	**8 g**	Ballaststoffe
752	kJ	**6 g**	Fett	**15 g**	Zucker
6 g	Protein	**1 g**	gesättigtes Fett	**690 mg**	Natrium

ZUTATEN

1 mittelgroßer oder großer Spaghettikürbis, halbiert und ohne Kerne
2 TL Olivenöl, aufgeteilt
½ mittelgroße gelbe Zwiebel, gehackt
1 Knoblauchzehe, gehackt
1 mittelgroßer Brokkolikopf, klein geschnitten
140 g Kirschtomaten, halbiert
120 ml Tomatensauce in Bio-Qualität (Tomatenpüree)
Meersalz und frisch gemahlener Pfeffer nach Belieben
Frische Basilikumblätter, zum Garnieren

ZUBEREITUNG

1. Den Ofen auf 180 °C/Gas Stufe 4 vorheizen.
2. Kürbis mit der Schnittfläche auf ein dünn mit Olivenöl bestrichenes Backblech legen. Im Ofen ca. 1 Stunde backen, bis der Kürbis weich ist. Den Kürbis aus dem Ofen nehmen und abkühlen lassen.

3. Olivenöl in einem mittelgroßen Topf erhitzen, gehackte Zwiebeln und Knoblauch zugeben und ca. 5 Minuten andünsten. Brokkoli und Kirschtomaten zugeben und unter gelegentlichem Umrühren weitergaren, bis das Gemüse weich ist. Tomatensauce zugeben und unter gelegentlichem Umrühren weitere 5 Minuten garen.
4. Das Kürbisfleisch mit einer Gabel herausnehmen und in den heißen Topf geben. Den Kürbis mit dem Topfinhalt vermengen und mit Salz und Pfeffer abschmecken. Mit frischem Basilikum garnieren und servieren.

ZUCCHININUDELN MIT FRISCHER KRÄUTER-TOMATENSAUCE

SOMMER

Herzkrankheiten, hoher Cholesterinspiegel, Krebs, Gicht, Entzündung/Schmerzen, Autoimmunkrankheiten, Abnehmen/Adipositas, Sehkraft, Haut, Gedächtnis, Gastrointestinaltrakt, Leber, Gallenblase

Ergibt 4 Portionen

NÄHRWERT PRO PORTION

210	kcal	**20 g**	Kohlenhydrate	**6 g**	Ballaststoffe
878	kJ	**15 g**	Fett	**12 g**	Zucker
6 g	Protein	**2 g**	gesättigtes Fett	**45 mg**	Natrium

ZUTATEN

Nudeln

4 Zucchini
2 TL Olivenöl

Küchengerät: Spiralschneider – Ein Spiralschneider wird dazu verwendet, um Gemüse in lange Streifen oder Fäden zu schneiden. Wenn Sie keinen Spiralschneider besitzen, dann können Sie zum Schneiden der Zucchini auch eine Küchenmaschine, Mandoline oder ein sehr scharfes Messer verwenden.

ZUBEREITUNG

1. Zucchini halbieren und jeweils eine Hälfte zurzeit auf dem Spiralschneider verarbeiten. Durchschieben und in die Schüssel fallen lassen. Nudeln in die gewünschte Größe schneiden.
2. Olivenöl bei geringer Hitze in einer großen Pfanne anwärmen. Zucchininudeln in der Pfanne ca. 5–10 Minuten garen. Garen macht die Nudeln zwar weicher, ist aber nicht notwendig. Nudeln abgießen.
3. Tomatensauce dazugeben und vorsichtig vermengen.

ZUTATEN

Sauce

2 EL	Olivenöl
1	Zwiebel, gehackt
10	Tomaten, klein geschnitten
4	Knoblauchzehen, gehackt
1	Handvoll frische Petersilie, gehackt
1 TL	gemahlener Kreuzkümmel
1 EL	getrockneter Oregano
1 EL	getrockneter Thymian, zerstoßen
	Meersalz (ca. ½ TL) und frisch gemahlener Pfeffer (½-1 TL) nach Belieben

ZUBEREITUNG

1. Olivenöl in einer gusseisernen Pfanne oder einer feuerfesten Auflaufform bei mittlerer Hitze anwärmen. Zwiebeln sautieren, bis sie weich sind. Tomaten, Knoblauch, Petersilie, Kräuter und Salz hinzufügen. 5–8 Minuten köcheln lassen.
2. Tomatensauce über die Nudeln geben.

TRESTER

▸ WARNHINWEIS
Nicht alle diese Rezepte sind Reboot-geeignet. Wenn Sie gerade einen Reboot machen, können Sie das Fruchtfleisch einfrieren und es zubereiten, wenn Sie Ihren Reboot abgeschlossen haben.

Wenn Sie nach Gewicht kochen, müssen Sie darauf achten, dass das Gewicht des Fruchtfleisches von der Effizienz Ihres Entsafters abhängt.

SELBST GEMACHTE TRESTER-GEMÜSEBRÜHE

Krebs, Arthritis, Entzündung/Schmerzen, Abnehmen/ Adipositas, Abwehrkräfte, Gastrointestinaltrakt

NÄHRWERT PRO PORTION

20	kcal	**10 g**	Kohlenhydrate	**5 g**	Ballaststoffe
84	kJ	**2 g**	Fett	**2 g**	Zucker
3 g	Protein	**0 g**	gesättigtes Fett	**15 mg**	Natrium

ZUTATEN

1 TL Olivenöl
Fruchtfleisch (von zwei Saftrezepten in diesem Buch)
2,5 l Wasser
Frische oder getrocknete Kräuter: Schnittlauch, Thymian, Rosmarin, Oregano, Basilikum, Old Bay Gewürzmischung oder andere Kräuter (Petersilie, Ingwer usw.)
je ½ TL Meersalz und frisch gemahlener Pfeffer

ZUBEREITUNG

1. Olivenöl in einer Pfanne bei mittlerer Hitze erwärmen. Fruchtfleisch zugeben und 1–2 Minuten umrühren. Wasser, Kräuter, Gewürze und Gewürzmischungen zugeben und bei großer Flamme aufkochen, Hitze reduzieren und ohne Deckel 2–3 Stunden köcheln lassen, um die Flüssigkeit zu reduzieren.
2. Über einer Schüssel mit einem feinmaschigen Sieb abseihen.
3. Abkühlen lassen und schlückchenweise genießen!

▸ **HINWEIS**

Kann in Suppen verwendet werden. Gemüsebrühe ist auch ein guter Ersatz für Wasser oder Tee beim Rebooten. Und an einem kalten Tag tut sie gut.

THAI-GEMÜSEBRÜHE

Krebs, Schmerzen/Entzündung, Abwehrkräfte, Abnehmen, Diabetes, PCOS, Arthritis, Schilddrüse

NÄHRWERT PRO PORTION

28	kcal	**7 g**	Kohlenhydrate	**0 g**	Ballaststoffe
105	kJ	**0,06 g**	Fett	**0 g**	Zucker
1 g	Protein	**0 g**	gesättigtes Fett	**3 mg**	Natrium

ZUTATEN

100 g Gemüsetrester
2 l Wasser
2 Stängel Zitronengras, fein gehackt
2 Knoblauchzehen, zerdrückt
Frischer Koriander, gehackt
Meersalz und Pfeffer nach Belieben
1–2 frische Chilischoten, gehackt (optional)

ZUBEREITUNG

1. Wasser in einem großen Topf aufkochen, Hitze reduzieren und den Trester hineingeben.
2. Zitronengras, Knoblauch, Koriander, Chili, Salz und Pfeffer zugeben.
3. Zugedeckt 2 Stunden köcheln lassen.
4. Über einer Schüssel mit einem feinmaschigen Sieb abseihen.
5. Abkühlen lassen und schlückchenweise genießen!

▸ **HINWEIS**
Gemüsebrühe ist auch ein guter Ersatz für Wasser oder Tee beim Rebooten. Und an einem kalten Tag tut sie gut.

BANANEN-KAROTTEN-ZUCCHINI-MUFFINS

Herzkrankheiten, Schlaganfall, hoher Cholesterinspiegel, Diabetes, Arthritis, Gicht, Allergien, Entzündung/Schmerzen, Autoimmunkrankheiten, Schilddrüse, Sehkraft, Haut, Abwehrkräfte, Gedächtnis

Ergibt 4–6 große oder 8–10 kleine Muffins

NÄHRWERT PRO PORTION

223	kcal	**19 g**	Kohlenhydrate	**6 g**	Ballaststoffe
933	kJ	**4 g**	Fett	**15 g**	Zucker
4 g	Protein	**1 g**	gesättigtes Fett	**65 mg**	Natrium

ZUTATEN

- 3 Leinsameneier (3 EL gemahlene Leinsamen mit 9 EL Wasser verrührt) oder 3 Eier und 30 g Kokosmehl oder gemahlene Mandeln verwenden
- 2 frische Bananen
- 100 g Fruchtfleisch von entsafteten Karotten und Zucchini
- 55 g Kokosöl
- 4 Datteln, entsteint
- ½ TL Backpulver
- ½ TL Meersalz
- 60 g Walnüsse, gehackt

>> *Fortsetzung auf Seite 194*

ZUBEREITUNG

1. Den Ofen auf 180 °C/Gas Stufe 4 vorheizen.
2. Leinsameneier (oder konventionelle Eier), Bananen, Trester, Kokosöl und Datteln in einem Mixer zu einer glatten Masse verarbeiten. Kokosmehl (falls konventionelle Eier verwendet werden), Backpulver und Salz zugeben und glatt rühren. Walnüsse unterheben.
3. Teig in ein Muffinblech füllen (entweder die Förmchen ausfetten oder Muffinförmchen verwenden). Im Ofen ca. 20–30 Minuten backen.
4. Aus dem Ofen nehmen und vor dem Servieren mindestens 20 Minuten ruhen lassen. Halbieren und mit Nussbutter, Beerenkompott oder pur genießen!

▸ HINWEIS

Diese sind ganz einfach zuzubereitende glutenfreie Muffins. Die Konsistenz ist etwas fester und sie gehen nicht so auf wie Muffins, die Gluten enthalten. Durch die Leinsameneier werden die Muffins noch kuchenähnlicher und feuchter.

BRATLINGE AUS TRESTER VON SCHWARZEN BOHNEN UND QUINOA

Herzkrankheiten, Schlaganfall, hoher Cholesterinspiegel, Diabetes, Osteoporose, Arthritis, Gicht, Allergien, Entzündung/Schmerzen, Abnehmen/Adipositas, Haut, Gastrointestinaltrakt, Leber, Gallenblase

Ergibt 6 Portionen

NÄHRWERT PRO PORTION

232	kcal	**12 g**	Kohlenhydrate	**7 g**	Ballaststoffe
971	kJ	**5 g**	Fett	**16 g**	Zucker
9 g	Protein	**1 g**	gesättigtes Fett	**59 mg**	Natrium

ZUTATEN

125 g Quinoa
225 ml Wasser (für die Quinoa)
1 BPA-freie Dose (450 g) schwarze Bohnen
250 ml Fruchtfleisch (jede Art ist möglich, aber Karotten und Grünkohl sind ein guter Anfang)
80 g Haferflocken
1 TL Chilipulver
1 TL gemahlener Kreuzkümmel
½ TL Cayennepfeffer
1 kleine Handvoll frischer Koriander
2 EL Olivenöl
1 TL Kokosöl zum Einfetten
1 Avocado, in Scheiben
Saft einer Limette
Meersalz und frisch gemahlener Pfeffer nach Belieben

ZUBEREITUNG

1. Ofen auf 230 °C/Gas Stufe 8 vorheizen.
2. Quinoa und Wasser in einen Topf geben und aufkochen. Hitze reduzieren und unter gelegentlichem Umrühren köcheln lassen. Ca. 15 Minuten kochen, bis das gesamte Wasser verdampft ist.
3. Während die Quinoa kocht, die schwarzen Bohnen gut abspülen und abtropfen lassen. Bohnen, gekochte Quinoa, Safttrester, Haferflocken, Chili, Kreuzkümmel, Cayennepfeffer, Koriander, Salz, Pfeffer und Olivenöl in eine große Schüssel geben und gut vermengen. Das Gemisch kann beim Vermengen leicht zerdrückt werden, damit es besser zusammenhält. Wenn die Masse gut vermischt ist, in 6 gleich große Teile teilen und zu Bratlingen formen.
4. Ein Backblech mit einer dünnen Schicht Kokosöl bestreichen und die Bratlinge auf das Blech legen. Etwas Öl auf die Oberseite der Bratlinge geben und 12 Minuten backen. Die Bratlinge werden außen knusprig; je nach Vorliebe kann man sie länger oder kürzer backen.
5. Nach dem Backen mit Avocadoscheiben belegen und einen Spritzer frischen Limettensaft darübergeben.

*Sie besitzen kein Dörrgerät? Sie können auch im Ofen dörren! Einfach den Ofen auf die geringste Stufe stellen und die Ofentür einen Spalt aufstellen. Den Crackerteig auf ein mit Backtrennpapier ausgelegtes Backblech streichen und in den Ofen geben. Die Cracker mindestens 3–4 Stunden trocknen lassen. Die Cracker umdrehen und weitere 30-60 Minuten dörren.

ROSMARIN-KAROTTEN-LEINSAMEN-CRACKER

Herzkrankheiten, hoher Cholesterinspiegel, Diabetes, Arthritis, Migräne, Entzündungen/Schmerzen, Autoimmunkrankheiten, Schilddrüse, Sehkraft, Haut, Abwehrkräfte, Gedächtnis, Leber, Menstruation/PMS/Menopause/PCOS, Gallenblase

Ergibt 6 Portionen à 10 Cracker

NÄHRWERT PRO PORTION

300	kcal	**29 g**	Kohlenhydrate	**8 g**	Ballaststoffe
1.255	kJ	**22 g**	Fett	**20 g**	Zucker
8 g	Protein	**1 g**	gesättigtes Fett	**43 mg**	Natrium

ZUTATEN

- 110 g rohe Leinsamen
- 250 g rohe Sonnenblumenkerne
- 120 g Karottentrester
- 30 g rohe Sesamsamen
- 1 EL Knoblauchpulver
- 2 EL getrockneter Rosmarin, fein gehackt
- 1 TL Meersalz und frisch gemahlener Pfeffer nach Belieben
- 1 Avocado (optional, als Aufstrich für die Cracker)

ZUBEREITUNG

1. Leinsamen und 250 ml Wasser in eine Schüssel geben und 1 Stunde quellen lassen, bis eine gallertartige Masse entstanden ist.
2. Sonnenblumenkerne und Karottentrester in der Küchenmaschine pulsierend verarbeiten.
3. Sonnenblumensamen und Trester in eine Schüssel geben und Leinsamengelee, Sesamsamen, Knoblauchpulver, Rosmarin, Salz und Pfeffer hineingeben. Gut vermengen, bis eine feuchte, krümelige Masse entstanden ist.
4. In einer dünnen Schicht auf mit Backtrennpapier ausgelegten Dörrblechen verteilen. Die Cracker vor dem Dörren einritzen, sodass man sie einfach zerteilen kann, wenn sie hart sind. 7–8 Stunden bei 46 °C dörren.*
5. Ohne Dip servieren oder mit Avocado als gesundem Aufstrich.

GEMÜSEBÄLLCHEN

Herzkrankheiten, Diabetes, Krebs, Arthritis, Gicht, Entzündungen/Schmerzen, Autoimmunkrankheiten, Schilddrüse, Haut, Gedächtnis, Leber, Gallenblase

Ergibt 2 Portionen

NÄHRWERT PRO PORTION

298	kcal	**19 g**	Kohlenhydrate	**7 g**	Ballaststoffe
1.247	kJ	**14 g**	Fett	**15 g**	Zucker
6 g	Protein	**1 g**	gesättigtes Fett	**20 mg**	Natrium

ZUTATEN

- 100 g Spinat-, Grünkohl-, Sellerie-, Gurken-, Karotten-, Apfeltrester
- ½ rote Paprika, klein geschnitten
- 1 Zucchini, klein geschnitten
- 2 Knoblauchzehen, gehackt
- 1 EL frische Petersilie, gehackt
- ¾ EL Italienische Gewürzmischung
- 1 EL Olivenöl
- 30 g Nährhefe (optional)
- 3 EL gemahlene Leinsamen mit 8 EL Wasser verrührt (zum Binden)

ZUBEREITUNG

1. Den Ofen auf 180 °C/Gas Stufe 4 vorheizen.
2. Paprika, Zucchini und Knoblauch in dem Olivenöl bei mittlerer Hitze sautieren. In eine Schüssel geben. Trester mit dem sautierten Gemüse vermengen, dann das Leinsamen-Wasser-Gemisch und die Italienische Gewürzmischung sowie Petersilie unterrühren.
3. Masse in kleine Bälle formen und in eine Auflaufform setzen. Mit Nährhefe bestreuen (optional) und die Auflaufform in den Ofen geben. Backen, bis die Bällchen goldbraun sind, ca. 15 Minuten.
4. Lecker mit oder ohne Tomatensauce zu Weizenvollkorn- oder anderen Nudeln. Wenn Sie eine kalorienärmere Spaghettivariante möchten, können Sie rohe Zucchini auf einer Mandoline oder mit dem Gemüseschäler zu »Spaghetti« verarbeiten.

GESUNDE HUNDEKEKSE

(DIE AUCH MENSCHEN GUT SCHMECKEN!)

ZUTATEN

450 g Karotten-, Süßkartoffel-, Apfel-, Spinattrester
125 g Erdnussbutter
20 g Haferflocken
1 EL Kokosöl
1 zerdrückte Banane

ZUBEREITUNG

1. Den Ofen auf 180 °C/Gas Stufe 4 vorheizen.
2. Alle Zutaten gut vermengen und zu Keksen formen (die Größe kann je nach Größe Ihres Hundes variieren). 15 Minuten im Ofen backen.
3. Vor dem Verfüttern gut auskühlen lassen!

ANHANG

Literaturhinweise

MÖCHTEN SIE NOCH EINIGE TIPPS, wie man sich nach dem Reboot gesund ernähren kann? Es gibt unglaublich viele Bücher zu den verschiedenen Ernährungsweisen wie Rohkost, Vegetarismus, Veganismus und Paleo; stöbern Sie in Buchhandlungen herum und sammeln Sie Informationen und Ideen. Wenn Sie auf der Suche nach Empfehlungen sind – hier folgt eine Liste von Autoren und Büchern, die sich für Rebooter als besonders hilfreich erwiesen haben. Darüber hinaus veröffentlicht das Reboot Team kontinuierlich neue Rezepte auf rebootwithjoe.com – schauen Sie vorbei!

BÜCHER AUF DEUTSCH:

- ***Eat to Live – Das Kochbuch* von Dr. Joel Fuhrman** – leckere Rezepte auf Pflanzenbasis, die sich hervorragend dafür eignen, die Gesundheit auch nach dem Reboot weiter zu pflegen.
- ***Everyday Raw* von Matthew Kenney** – jedes Buch des bekannten Kochs Matthew Kenney ist empfehlenswert, aber dieses eignet sich ganz besonders gut als Einführung in die rohe »Kochkunst«.
- ***Meine Rezepte für Gesundheit und gutes Aussehen* von Gwyneth Paltrow** – tolle Rezepte für Veganer und Pescetarier.

BÜCHER AUF ENGLISCH:

- ***Eating on the Wild Side* von Jo Robinson** – ein tolles Buch, um den maximalen Nährwert aus den Nahrungsmitteln zu holen; viele Tipps zu Sorten, Lagerung und Zubereitung.
- ***Giada's Feel Good Food* von Giada De Laurentiis** – eine Fülle von ebenso praktischen wie leckeren Rezepten für alle Ernährungsweisen, einschließlich glutenfrei, vegan, vegetarisch und pescetarisch.
- ***Living Raw Food* von Sarma Melngailis** – Kaum zu glauben, dass diese leckeren Rezepte ausschließlich Rohkost verarbeiten! Herausgegeben von einem meiner Lieblingsrestaurants in New York City - "Pure".
- ***Main Street Vegan* von Victoria Moran** – komplette Anleitung für die Umstellung auf eine vegane Ernährungsweise.

Für Ihren Arzt

VIELLEICHT IST ES EINE GUTE IDEE, den folgenden Text (auf Englisch) als PDF herunterzuladen und Ihrem Arzt zu geben (unter www.rebootwithjoe.com/for-your-doctor):

Die meisten Mediziner sind von dem Nutzen – und auch zahlreiche Studien belegen dies – des Verzehrs von frischem Obst und Gemüse sowie frisch gepresstem Saft in Bezug auf die Prävention und Behandlung von Adipositas, kardiovaskulären Krankheiten, entzündlichen Erkrankungen und Krebs überzeugt.

Ihr Patient ist interessiert, sich einer gesünderen Ernährung zuzuwenden, beginnend mit der Teilnahme an einem Reboot-Programm. Es wird empfohlen, dass Personen mit Erkrankungen und solche, die verschreibungspflichtige Medikamente einnehmen, sowie all diejenigen, die an diesem Programm länger als 15 Tage teilnehmen möchten, dies mit ihrem Arzt besprechen.

Was ist ein Reboot?

- Es ist die Chance, den Teufelskreis einer ungesunden Ernährung zu durchbrechen.
- Es ist eine begrenzte Zeitspanne, in der jemand sich entscheidet, ausschließlich Obst und Gemüse zu trinken und/oder zu essen.
- Dies ist keine Diät; es eine Zeit, in der Körper und Geist zurückgesetzt und Mikronährstoffe und Phytonährstoffe optimal aufgenommen werden können, um den Übergang zu einer gesünderen und pflanzenreichen Ernährung mit vollwertigen Nahrungsmitteln vorzubereiten.

Warum Saft?

Wie viele Patienten haben Ihnen gesagt, dass sie gerne mehr Gemüse essen möchten, aber den Geschmack einfach nicht mögen? Beim Entsaften tritt dieser Hinderungsgrund nicht auf. Ein Reboot bietet viele gesundheitliche Vorteile, wie zahlreiche Portionen an Obst und Gemüse in nur einem Glas und die Immunabwehr stärkende Nährstoffe und Phytochemikalien, die natürlich in frisch hergestelltem Saft vorkommen. Die meisten handelsüblichen Säfte sind stark bearbeitete Produkte mit geringem Nährwert im Vergleich zu frisch entsaftetem Obst und Gemüse.

Grundlagen des Reboot

- Ein Reboot kann zwischen 3 und 60 Tagen dauern.
- Richtlinien zur Auswahl des am besten für eine Person geeigneten Reboots und alle notwendigen Informationen finden Sie kostenlos online unter rebootwithjoe.com (auf Englisch).
- Unterstützung für Einzelpersonen und Gruppen von angesehenen Ernährungsexperten an etablierten akademischen Institutionen findet sich in Guided Reboots gegen eine geringe Gebühr.
- Obst und Gemüse sind die Hauptbestandteile eines Reboots, ebenso wie Richtlinien für eine gesunde Ernährung nach Abschluss eines Reboots.
- Viele Menschen erleben, dass der Verzehr eines nährstoffreichen frischen Fruchtsafts oder Smoothies zum Frühstück und Mittagessen, gefolgt von einem gesunden Abendessen, zu signifikanten Verbesserungen in Bezug auf Essgewohnheiten, Gesundheit und Gewicht führt.

Protein

Ein Reboot ist nicht als langfristige Ernährungsweise gedacht. Die Nahrungsmittel, die im Rahmen eines Reboot verzehrt werden, enthalten pflanzliches Protein. Da dies nur eine kurzfristige Veränderung der Ernährung ist, die letztendlich die Umstellung auf gesündere Essgewohnheiten bewirken soll, tritt in der Regel kein Proteinmangel auf. Falls Sie um die Proteinaufnahme Ihres Patienten im Verlauf eines Reboots besorgt sind, wir bieten zahlreiche pflanzliche Protein-Nahrungsergänzungsmittel an, die wir zur Aufnahme in den jeweiligen Plan empfehlen können.

Medizinische Unterstützung

- Medizinische Entscheidungen bezüglich jedes einzelnen Patienten obliegen in jedem Fall einzig und allein dem behandelnden Arzt.
- Generell sind für gesunde Personen, die sich einem Reboot-Programm unterziehen, das bis zu 15 Tagen dauert, keine begleitenden Laboruntersuchungen erforderlich.
- Obwohl uns kein Fall bekannt ist, in dem Teilnehmer des Programms an Symptomen aufgrund von Elektrolytmangel gelitten haben, empfehlen wir, dass gesunde Personen, die einen Reboot ausschließlich mit Saft durchführen, der länger als 15 Tage dauert, alle 15 Tage von einem Arzt eine Elektrolyt-Bestimmung durchführen lassen.
- Es wird davon abgeraten, länger als 60 Tage einen Reboot ausschließlich mit Saft durchzuführen. Die empfohlene Dauer eines Reboots beruht zum Teil auf dem BMI des jeweiligen Programm-Teilnehmers.
- Gesunde Personen, die Medikamente gegen zu hohen Blutdruck nehmen, haben ebenfalls längere Reboots durchgeführt, aber wir empfehlen, in diesen Fällen alle 10 Tage eine Elektrolyt-Bestimmung vorzunehmen. Viele Bluthochdruckpatienten waren in der Lage, die Dosis ihrer Medikamente während des Reboots zu reduzieren oder diese ganz abzusetzen, da ihr Blutdruck sich normalisiert hat. Es wird empfohlen, den Blutdruck eines Patienten während eines Reboots und danach zu kontrollieren und die Dosierung des Medikaments gegebenenfalls neu einzustellen.
- Patienten, die unter Diabetes leiden, haben ebenfalls erfolgreich Reboots durchgeführt, und zwar sowohl Reboots ausschließlich mit Saft als auch Reboots mit Saft und fester Nahrung, und konnten dabei in einigen Fällen die Dosis ihrer benötigten Medikamente reduzieren oder diese ganz absetzen. Diabetes-Patienten wird davon abgeraten, ohne ärztliche Kontrolle oder die kontrollierende Begleitung durch einen Ernährungsexperten einen Reboot durchzuführen.

Wenn Sie weitere Fragen dazu haben, ob ein Reboot für Ihren Patienten geeignet ist, schicken Sie bitte eine E-mail an info@rebootwithjoe.com, dann werden die Ernährungsexperten und Ärzte des medizinischen Beraterkreises unseres Reboot-Teams sich mit Ihnen in Verbindung setzen. Bitte bedenken Sie, dass dieser Service ausschließlich für Ärzte bestimmt ist; aufgrund der vielen Anfragen, die wir zu bewältigen haben, beantworten wir unter dieser E-Mail-Adresse keine Fragen von Nicht-Ärzten.

Jeder, der daran interessiert ist, einen Reboot durchzuführen, findet auf unserer Webseite www.rebootwithjoe.com gratis Onlinehilfe. (nur Englisch)

Über den Autor

JOE CROSS ist ein australischer Filmemacher und Unternehmer, dessen persönliche Geschichte in dem preisgekrönten Dokumentarfilm *Fat, Sick & Nearly Dead*, der bereits von mehr als zehn Millionen Zuschauern weltweit gesehen wurde, aufgezeichnet wurde. Die Geschichte von Joe, wie er sich seine Gesundheit und Vitalität mithilfe eines 60-tägigen Programms, bei dem er nur frisch gepresste Obst- und Gemüsesäfte zu sich genommen hat – »flüssiger Sonnenschein«, wie er es nennt – zurückerobert, hat Millionen inspiriert, es ihm nachzumachen. Joe hat Reboot with Joe (www.rebootwithjoe.com) ins Leben gerufen, um der globalen Community Informationen und Tools zur Verfügung zu stellen, damit auch sie ihr Leben rebooten können. Joes Buch *Reboot with Joe – Das Kochbuch zur Saftkur* enthält den vollständigen und leicht zu befolgenden Plan sowie begleitende Ratschläge, Tipps, Erkenntnisse bzgl. der emotionalen und physischen Auswirkungen eines Reboots. Dieses Buch bietet weitere Reboot-Rezepte, die mit jedem Reboot-Plan verwendet werden können, sowie Anweisungen zum Entsaften und Kochen.

Joe lebt in New York im Staat New York und in Sydney (Australien). Sein zweiter Film *Fat, Sick & Nearly Dead 2* erschien 2014.

Bezugsquellen

WWW.UNIMEDICA.DE/REBOOTWITHJOE.PHP

Auf der Webseite finden Sie weitere Tips zum Buch, wie z.B. Trainingsvideos. In unserem Online-Shop www.unimedica.de in der Kategorie „Gesunde Ernährung“ finden Sie ein großes Sortiment an Naturkostprodukten, u. a. auch seltene Produkte wie Sacha inchi. Auch die für die Rezepte notwendigen Küchengeräte wie z. B. Hochleistungsmixer, Dörrgeräte und Entsafter sowie die Vega-Produkte und Superfoods sind dort erhältlich.

Fussnoten

Einleitung

1. »Vermeidbare Erkrankungen machen etwa 70 Prozent der Krankheiten aus und die damit verbundenen Kosten. Nationale Statistiken, wie in Healthy People 2000, Health U. S. 1991 und anderswo dargestellt, belegen diese Tatsache eindeutig.« James F. Fries, C. Everett Koop, Carson E. Beadle, Paul P. Cooper, Mary Jane England, Roger F. Greaves, Jacque J. Sokolov, Daniel Wright, and the Health Project Consortium, »Reducing Health Care Costs by Reducing the Need and Demand for Medical Services.« New England Journal of Medicine 329 (July 29, 1993): 321-325. doi:/full/10.1056/NEJM199307293290506

Kapitel 1: Saftherstellung

2. Frederick S. vom Saal und John Peterson Myers, »Bisphenol A and Risk of Metabolic Disorders«, The Journal of the American Medical Association, 2008; 300(11): 1353-1355.

Iain A. Lang, Tamara S. Galloway, Alan Scarlett, et al., »Association of Urinary Bisphenol A Concentration with Medical Disorders and Laboratory Abnormalities in Adults«, The Journal of the American Medical-Association, 2008; 300(11): 1303-1310.

»Our conclusions are consistent with the large number of hazards and adverse effects identified in laboratory animals exposed to low doses of BPA.« L. N. Vandenberg, P. A. Hunt, J. P. Myers, F. S. vom Saal, »Human Exposures to Bisphenol A: Mismatches between Data and Assumptions.«, Reviews on Environmental Health, 2013; 28(1): 37–58.

3. Brian Hallweil, »Still No Free Lunch: Nutrient Levels in U. S. Food Supply Eroded by Pursuit of High Yields«, September 2007, The Organic Center Critical Issue Report, http://organic-center.org/reportfiles/YieldsReport.pdf

4. Aurelice B. Oliveira, Carlos F. H. Moura, Enéas Gomes-Fiho, Claudia A. Marco, Laurent Urban, and Maria Raquel A. Miranda, »The Impact of Organic Farming on Quality of Tomatoes Is Associated to Oxidative Stress during Fruit Development«, February 20, 2013, https://doi.org/10.1371/journal.pone.0056354

5. Jo Robinson, »Eating on the Wild Side: The Missing Link to Optimum Health.« New York: Little Brown and Company, 2013.

Kapitel 5: Reboot bei Diabetis

6. Centers for Disease Control and Prevention, »National Diabetes Statistics Report, 2017«. https://www.cdc.gov/diabetes/pdfs/data/statistics/national-diabetes-statistics-report.pdf

7. Australian Institute of Health and Welfare, »Diabetes«. https://www.aihw.gov.au/reports-statistics/health-conditions-disability-deaths/diabetes/overview

8. Deutsche Diabetes Gesellschaft (DDG) und diabetesDE – Deutsche Diabetes-Hilfe »Deutscher Gesundheitsbericht Diabetes 2017«. https://www.diabetesde.org/system/files/documents/gesundheitsbericht_2017.pdf

Abbildungsverzeichnis

Bilder ©Narayana Verlag GmbH, Jörg Wilhelm:
Seiten vii, viii, ix, x, 86, 87, 89, 92, 98, 99, 103, 106, 107, 108, 110, 112, 113, 116, 118, 122, 124, 126, 127, 132, 136, 140, 141, 148, 166, 176, 182, 183, 190, 191, 193, 194, 198, 201, 222, 449

Bilder ©Daniel Krieger:
Seiten x, ix, 96, 104, 105, 142, 144, 145, 148, 152, 153, 156, 157, 158, 159, 160, 161, 171, 180, 185, 189

Bilder von shutterstock.com:
Seite ii: ©Anastasia Izofatova
Seite 2: ©sarsmis
Seite 5: ©Anna Hoychuk
Seite 6: ©Roman Diachkin
Seite 9: ©denizya
Seite 12: ©SP-Photo
Seite 14; 15; 16; 17; 18; 44; 45; 47; 49; 50; 53; 54; 55; 56: ©SOMMAI
Seite 14; 15; 17; 18; 50; 55: ©spaxiax
Seite 15; 51: ©Lamai Kuna
Seite 14; 50: ©Maks_Narodenko
Seite 14; 52: ©Binh Thah Bui
Seite 14; 49: ©Jovan Nikolic
Seite 15: ©tanuha2001
Seite 15: ©Lamai Kuna
Seite 15: ©Julia Tsokur
Seite 16; 54: ©Oliver Hoffmann
Seite 16; 50: ©Tom Biegalski
Seite 16; 49: ©bonchan
Seite 17; 48: ©Africa Studio
Seite 18: ©Boumen Japet
Seite 18: ©Hong Vo
Seite 20: ©Dionisvera
Seite 20: ©Elena Blokhina
Seite 20: ©JIANG HONGYAN
Seite 21: ©Boonchuay1970
Seite 21: ©Slawomir Zelasko
Seite 22: ©Iurii Kachkovskyi
Seite 23: ©Christian Jung
Seite 24: ©Julian Rovagnati
Seite 24: ©Mr. SUTTIPON YAKHAM
Seite 24; 25: ©Valery121283
Seite 25; 60: ©Roman Diachkin
Seite 24: ©Volosina
Seite 26: ©schankz
Seite 27: ©Olga Danylenko
Seit 28: ©violetblue
Seite 30; 31: ©Elena Veselova
Seite 34: ©Bessapics
Seite 37: ©RomarioIen
Seite 40: ©Lainea
Seite 41: ©Ipek Morel
Seite 42: ©kireewong foto
Seite 43: ©Pham's photo
Seite 43: ©timquo
Seite 46: ©Kyselova Inna
Seite 47: © Viktar Malyshchyts
Seite 48: ©tahuna2001
Seit 55: ©stuar
Seite 63: ©Natalya Danko
Seite 64: ©pilipphoto
Seite 68: ©Dani Vincek
Seite 72; 144: ©Rtstudio
Seite 73: ©Leszek Glasner
Seite 74: ©DarZel
Seite 77: ©Nativania
Seite 78: ©Nadiia Loboda
Seite 80: ©Natalia Klenova
Seite 84: ©5PH
Seite 94: ©HandmadePictures
Seite 115: ©GoncharukMaks
Seiet 128: ©Valentina_G
Seite 130: ©Brent Hofacker
Seite 134: ©verca
Seite 135; 139: ©goa novi
Seite 144: ©bigacis
Seite 146: ©its_al_dente
Seite 164: ©Jarvna
Seite 172: ©Besedina Julia
Seite 174: ©AnjelikaGr
Seite 187: ©vm2002
Seite 197: ©Sebastiana
Seite 202: ©Elena Veselova

Bilder von fotolia.com:
Seite 15; 18; 19; 20; 21; 22; 43; 44; 45; 46; 47; 52; 54; 56; 57: ©Elena Schweitzer
Seite 19; 20; 21; 22; 23: ©Popova Olga

INDEX

A

B

H

M

N

O

P

Z

Joe Cross

Reboot with Joe · Das Kochbuch zur Saftkur

Jede Menge Rezepte für köstliche Säfte, Smoothies
und pflanzliche Gerichte für den Neustart

1. deutsche Auflage 2018

ISBN 978-3-96257-001-9

Titel der englischen Originalausgabe:

The Reboot with Joe – Juice Diet Cookbook

Übersetzt aus dem Englischen: Telse Wokersien

Layout: Nicole Laka, www.nima-typografik.de

Satz: Linda Brummack

Coverlayout: Greenleaf Book Group

Cover Photo © Richard Lohr Studios

Herausgeber: Unimedica im Narayana Verlag, Blumenplatz 2, 79400 Kandern, Deutschland

Tel.: +49 7626 974 970-0, E-Mail: info@unimedica.de

www.unimedica.de

Joe Cross

Reboot with Joe – Die Saftkur

Das wirkungsvolle, nährstoffreiche Programm für schnelles und nachhaltiges Abnehmen

390 S., € 24,-

Joe Cross war stark übergewichtig, litt an einer Autoimmunkrankheit und war abhängig von Medikamenten. Eines Tages änderte er schlagartig seine Lebensweise, verzichtete auf Junkfood und begann mit einer 60 Tage langen Saftkur. Dadurch nahm er nicht nur ab, sondern konnte auch seine Medikamente absetzen und von Grund auf neu starten. Durch den Dokumentarfilm „Fat, Sick & Nearly Dead" wurde sein Reboot international bekannt und inspirierte Hunderttausende weltweit, es ihm gleichzutun.

In seinem New York Times Bestseller erklärt Joe Cross, wie man sein Leben einer Generalüberholung (Reboot) unterzieht. Es ist so einfach wie logisch: Saft ist ein flüssiges Nahrungsmittel, das den Körper mit einer Vielzahl an Vitaminen, Mineral- und Nährstoffen durchflutet. „Reboot with Joe" ist der beste Weg, überflüssige Pfunde zu verlieren und mehr Energie und geistige Klarheit zu erlangen.

Das Werk enthält inspirierende Rezepte für Säfte, Smoothies und Gemüse sowie den Aufbau einer gesunden Diät nach der Reboot-Saft-Phase. Verschiedene Diätpläne mit einer Dauer von 3, 5, 10, 15 oder 30 Tagen sowie Einkaufslisten und Rezepte erlauben eine individuelle Anpassung.

Erfolgsberichte begeisterter Menschen, die mit dem Reboot zu neuer Lebensqualität gefunden haben, motivieren, es selbst in die Tat umzusetzen.

„Wie Joe Cross seine Gesundheit durch eine Saftkur so drastisch verbessert hat, macht ihn zu einem wahren Experten auf diesem Gebiet. Sein rein pflanzlicher Ansatz ist revolutionär und hat das Potenzial, das Leben von Millionen von Menschen zu verändern." – Brendan Brazier, Autor der Vegan in Topform-Serie

Dr. Joel Fuhrman

Eat to Live

Das wirkungsvolle, nährstoffreiche Programm für schnelles und nachhaltiges Abnehmen

432 S., € 24,80

EAT TO LIVE ist das Grundlagenwerk für gesunde Ernährung. Der amerikanische Erfolgsautor und Arzt Dr. Fuhrman stellt damit ein mächtiges Werkzeug zur Verfügung, um dauerhaft Gewicht zu verlieren und die Gesundheit wiederzuerlangen. In den USA ist es ein Dauerbrenner, über 1 Million verkaufte Bücher sprechen für sich.

Joel Fuhrman zeigt, wie allein mit der richtigen Ernährung Bluthochdruck, Diabetes, Autoimmunkrankheiten, Migräne, Asthma und Allergien dauerhaft geheilt werden können.

Mit seinem 6-Wochen-Plan kann man Heißhungerattacken und Verlangen nach Junkfood hinter sich lassen. Das Geheimnis liegt in der Nährstoffdichte, das bedeutet die Einnahme von viel nährstoffreicher Nahrung. Übergewichtige sind trotz Überernährung meistens damit unterversorgt. Das Buch revolutioniert unser Denken und unsere Essgewohnheiten.

Dr. Joel Fuhrman

Eat to Live – Das Kochbuch

Über 200 nährstoffreiche Rezepte nach Dr. Fuhrmans bahnbrechendem Ernährungskonzept

448 S., geb., € 34,–

EAT TO LIVE hat Millionen von Menschen dabei geholfen, abzunehmen und ihr Leben um kostbare und gesunde Jahre zu verlängern. Mit EAT TO LIVE – DAS KOCHBUCH ist eine gesunde Ernährung und ein fantastisches Lebensgefühl nun einfacher als je zuvor.

Der weltweit renommierte Arzt Joel Fuhrman konnte bei über zehntausend Patienten mit seiner nährstoffreichen, vorwiegend pflanzlichen Ernährung eine Vielzahl von chronischen Krankheiten wie Bluthochdruck, Diabetes, Allergien, Asthma und Autoimmunkrankheiten heilen.

„In vielen Fällen sind Krankheiten, die als ›unheilbar‹ gelten, dies in Wirklichkeit NICHT, besonders, wenn Sie nach EAT TO LIVE leben! Versuchen Sie es – Sie können nur gewinnen!" — Stacey Becker, von einer Autoimmunkrankheit geheilt

Dana Shultz

Vegan. Einfach. Lecker.

30 Minuten oder 10 Zutaten oder 1 Topf

101 pflanzliche, meist glutenfreie und köstliche Rezepte

320 S., € 29,80

Dana Shultz, Rezeptentwicklerin und erfahrene Food-Fotografin, und ihr Mann John sind die Genies hinter dem immens beliebten Food-Blog Minimalist Baker, der seit seiner Gründung im Jahr 2012 zahllose Fans begeistert. Ihr Erfolgskonzept? Einfache, aber unwiderstehliche Rezepte, die aus höchstens 10 Zutaten bestehen, in einer Schüssel oder einem Topf zubereitet werden können oder nur 30 Minuten, manchmal sogar weniger Zeit in Anspruch nehmen. Das mit Spannung erwartete Kochbuch enthält 101 neue, zu 100 Prozent pflanzenbasierte und größtenteils glutenfreie Rezepte, die einfallsreich, lebendig und voller umwerfendem Geschmack sind.

Leckeren Frühstücksoptionen wie selbst gemachtem Hippiemüsli oder Zucchini-Walnuss-Muffins, Beilagen wie griechischer Bruschetta, herzhaften Hauptspeisen wie Erdnussbutter-Pad-Thai und verführerischen Desserts wie Erdbeer-Tornado-Eiscreme und Mandel-Kokos-Talern mit dunkler Schokolade wird garantiert niemand widerstehen können.

Jen Hansard & Jadah Sellner

Simple Green Smoothies

Mehr als 100 Rezepte zum Abnehmen, Energietanken und Großartigfühlen

304 S., € 24,80

Jen Hansard und Jadah Sellner haben einen wunderbaren Weg zu Gesundheit, Freude und Energie gefunden – mit Spaß und ohne Verzicht. Ihr Konzept ist sensationell einfach: Statt Kalorien zu zählen oder ganz auf bestimmte Lebensmittel zu verzichten, trinken sie lieber täglich einen grünen Smoothie. SIMPLE GREEN SMOOTHIES enthält eine 10-Tage-Kickstartkur inklusive Einkaufslisten, unzählige praktische Tipps und über 100 Rezepte für Smoothies sowie für leckere Desserts, unverzichtbare Grundrezepte und hilfreiche Haushaltsmittel. Ob Pfirsich-Kokos-Traum, Grüner Feigling oder Ingwer-Beeren-Mojito – die Smoothies sind so köstlich, dass es kaum zu glauben ist.

Jen und Jadah gehen zudem detailliert auf ihre Zutaten ein und erklären, wie sich diese am besten auswählen, vorbereiten und lagern lassen, informieren über deren Nährstoffgehalt, Geschmack und die besten Kombinationsmöglichkeiten und lassen auch vitalisierende Superfoods, Kräuter und Gewürze nicht unerwähnt.

Kristina Carrillo-Bucaram

The Fully Raw Diet

Der 21-Tage-Rohkost-Plan für Ihre Gesundheit: Mit Menü- und Trainingsplänen, wertvollen Tipps und 75 Rezepten

296 S., € 26,-

THE FULLY RAW DIET zeigt, dass eine rohvegane Ernährung nicht nur gesund ist, sondern auch Spaß macht. Dieses 21-tägige Programm für eine pflanzenbasierte und vitalisierende Ernährung umfasst detaillierte Menü- und Trainingspläne, die Sie in kürzester Zeit gesünder, fitter und energiegeladener werden lassen.
75 verlockende und leicht zubereitbare Rezepte wie Granatapfel-Salat mit Orangen-Basilikum-Dressing, Fully Raw Lasagne, Rohes Veganes Chili, Schokoladen-Pekan-Torte oder Kürbis-Gewürz-Brownies wecken die Lust auf Rohkost und machen Appetit auf mehr. Viele hilfreiche Tipps und Ratschläge helfen dabei, diese Ernährungsweise auch nach dem Programm dauerhaft beizubehalten.
THE FULLY RAW DIET ist unverzichtbar für alle FullyRaw-Fans und diejenigen, die sich gesund und rohvegan ernähren wollen, um abzunehmen, mehr Energie zu verspüren und um ihre Gesundheit und ihr Wohlbefinden zu verbessern.

Megan Gilmore

Everyday Detox

100 einfache Rezepte für einen gesunden Darm, zum Entschlacken und Gewicht verlieren

208 S., € 24,80

EVERYDAY DETOX ist ein gesunder Leitfaden zum natürlichen Entgiften für das gesamte Jahr. Das Werk hat in den USA bereits einen regelrechten Hype ausgelöst. Ganz ohne Diät, Fasten oder Kalorienzählen reduziert EVERYDAY DETOX das Gewicht, kurbelt die Verdauung an, verbessert den Schlaf und führt zu einem intensiven Wohlbefinden.
Die erfolgreiche Autorin legt ihren Schwerpunkt auf natürliche und vollwertige Lebensmittel statt auf rigide Fastenkuren und Verzicht. Der beste Beweis dafür sind ihre fantastischen Rezepte: Ob Bananen-Kokosnuss-Muffins, Brokkoli-Käse-Suppe, Thai-Salatwraps oder Pfefferminzriegel – die Gerichte sind so verführerisch, dass Genuss an erster Stelle steht und ein Verzichtgefühl gar nicht erst aufkommt.
Hilfreiche Informationen zu Vorräten in der detoxfreundlichen Küche sowie eine praktische Übersicht zur Kombination bestimmter Lebensmittel erleichtern die Umsetzung des Plans zu Hause und sind die perfekte Vorbereitung für den Start in ein leichteres, fitteres und gesünderes Leben.

Angela Liddon

Oh She Glows für jeden Tag

Schnelle einfache Gerichte, die einfach satt und glücklich machen

345 S., € 29,-

Angela Liddons unwiderstehliche und gelingsichere Rezepte sind zum Goldstandard der pflanzenbasierten Küche geworden. Ihr sensationell erfolgreicher Blog und ihr New-York-Times-Bestseller-Debüt OH SHE GLOWS! DAS KOCHBUCH haben ihr Millionen begeisterter Fans beschert. In dem mit Spannung erwarteten Nachfolger präsentiert die preisgekrönte kanadische Autorin erneut außerordentlich leckere Rezepte, die perfekt für einen anstrengenden und fordernden Alltag sind und pflanzenbasierten Genuss nicht nur tagtäglich, sondern auch zu festlichen Gelegenheiten zu einer leicht umsetzbaren und köstlichen Angelegenheit machen.
Ihre Sammlung von über 100 Rezepten enthält verführerische Ideen für Frühstück, Snacks, Salate, Suppen, Hauptgerichte, Beilagen und Desserts sowie Grundrezepte und hilfreiche Tipps für kinderfreundliche, allergiekompatible und einfrierbare Varianten.

Matthew Kenney

Everyday Raw

Köstliche Rohkost für jeden Tag

152 S., € 19,80

Matthew Kenneys neues Buch präsentiert Rohkostgenuss für jeden Tag mit Rezepten aus frischen, regional und biologisch erzeugten Zutaten, die köstlich schmecken und gut für Körper, Seele und Umwelt sind.
Der weltweit gefragte New Yorker Chefkoch und Restaurantbesitzer steht seit Jahren an der Spitze der Raw-Food-Bewegung und ist ein gern gesehener Gast in Talkshows. Der Autor mehrerer international erfolgreicher Kochbücher hat zu einer Revolutionierung der Rohkost-Esskultur beigetragen und beweist in EVERYDAY RAW aufs Neue mit köstlichen Smoothies, Salaten, Snacks und größeren Gerichten, dass Rohkost nicht gleich fad ist.
Aromatische Gerichte wie Pad Thai, Pizza mit Tomaten, Basilikum und „Mozzarella" oder Gojibeeren-Soufflé und Schoko-Haselnuss-Torte werden jedem das Wasser im Munde zusammenlaufen lassen. EVERYDAY RAW ist eine beeindruckende Sammlung unwiderstehlicher rohköstlicher Rezepte und hilfreicher Tipps für alle, die gesund essen und dabei nicht auf puren Genuss verzichten möchten.

Michael Greger mit Gene Stone

How Not To Die

Entdecken Sie Nahrungsmittel, die Ihr Leben verlängern – und bewiesenermaßen Krankheiten vorbeugen und heilen

512 S., € 24,80

Die meisten aller frühzeitigen Todesfälle lassen sich verhindern – und zwar durch einfache Änderungen der eigenen Lebens- und Ernährungsweise.

Dr. Michael Greger, international renommierter Arzt, Ernährungswissenschaftler und Gründer des Online-Informationsportals Nutritionfacts.org, lüftet in seinem weltweit außergewöhnlich erfolgreichen Beststeller das am besten gehütete Geheimnis der Medizin: Wenn die Grundbedingungen stimmen, kann sich der menschliche Körper selbst heilen.

In HOW NOT TO Die analysiert Greger die häufigsten 15 Todesursachen der westlichen Welt, zu denen z.B. Herzerkrankungen, Krebs, Diabetes, Bluthochdruck und Parkinson zählen, und erläutert auf Basis der neuesten wissenschaftlichen Forschungsergebnisse, wie diese verhindert, in ihrer Entstehung aufgehalten oder sogar rückgängig gemacht werden können.

Amy Chaplin

Celebrating Whole Food

Mit über 150 veganen und vegetarischen Rezepten aus Amy Chaplins bunter und köstlicher Vollwertküche

408 S., geb., € 34,–

Die New-Yorker Star-Köchin Amy Chaplin steht wie keine andere für die raffinierte Vielfalt einer modernen Vollwerternährung. Ihre 20-jährige Erfahrung als Küchenchefin vieler vegetarischer Restaurants auf der ganzen Welt teilt Chaplin heute gerne mit ihren Kunden, zu denen auch Hollywood-Stars gehören. Diesen bringt sie bei, die heimischen Vorratsschränke mit Getreidesorten, Nüssen, Samen, Kräutern und Gewürzen zu füllen und daraus faszinierende Gerichte zuzubereiten. Im preisgekrönten Kochbuch CELEBRATING WHOLE FOOD nimmt uns Amy Chaplin in über 150 überwiegend veganen, glutenfreien Rezepten mit auf einen Streifzug durch die facettenreiche Welt der vollwertigen Küche. Von Quinoa-Muffins über feurige Karottensuppe mit Kokosmilch bis hin zu Salat mit gerösteten Kürbisspalten – für ein gesundes, nachhaltiges und unglaublich köstliches Jahr.